Burke, Marx, Arendt et la critique des droits de l'homme

Collection « Arc-en-ciel »

Argumentaire

Les deux dernières décennies ont vu se développer un grand nombre d'Universités et d'institutions de recherche dans de nombreux pays africains. Les intellectuels du continent éprouvent de plus en plus la volonté de partager leur expérience et leur vision du monde et des choses avec le reste du monde. La Collection « Arc-en-ciel », au-delà de son contenu didactique voudrait être surtout un instrument d'échange et de dialogue entre les peuples et cultures du monde. Faire vivre la diversité, tel est le but primordial de cette collection qui se présente comme une œuvre de construction commune, car c'est collectivement que nous devons trouver les réponses aux grands défis du XXIe siècle.

Les orientations principales de cette collection sont :

- Promouvoir les principes et valeurs de la *diversité*.
- Privilégier les travaux présentant une certaine *originalité* dans un domaine de recherche.
- Offrir une *opportunité* de publication des résultats de recherche aux enseignants, doctorants et divers chercheurs.
- Faire de cette collection un *support* à l'organisation de rencontres interdisciplinaires périodiques entre les chercheurs d'Afrique et d'ailleurs.
- Se servir de cette collection comme d'un outil de promotion des chercheurs aux différents Comité Technique Spécialisé (CTS) du Conseil Africain et Malgache de l'Enseignement Supérieur (CAMES).

Pr CHRISTOPHE Yahot

Hyacinthe E. NOGBOU

BURKE, MARX, ARENDT ET LA CRITIQUE DES DROITS DE L'HOMME

L'Harmattan

5-7, rue de l'École-Polytechnique ; 75005 Paris
http://www.editions-harmattan.fr
ISBN : 978-2-343-10569-7
EAN : 9782343105697

Il y des chemins à ne pas suivre
Il y a des armées à ne pas combattre
Il est des villes à ne pas attaquer
Il est des régions à ne pas envahir
Il est des ordres du souverain à refuser

Sun Tsé
L'Art de la Guerre
Le courrier du livre
Traduction Loïc Cohen
Paris, 2007, p. 81

AVANT-PROPOS

S'il est vrai que le spectre des Droits de l'Homme plane sur la société, par l'intermédiaire des organisations de promotion et de défense des dits droits, la société malgré ses nombreuses hésitations et gaucheries tend tout de même à s'humaniser et à permettre une coopération sociale et intercommunautaire. Ces droits proclamés et mis en œuvre il y a plus de deux mille ans restent certainement non concrets et inadaptés à cause de la-non universalité de leur naissance. Ils sont nés sur des terres précises tenant compte du contexte socio historique et de l'année. De là, ils ont été promus et divulgués pour être adoptés par l'humanité entière.

Alors que le génie de la société mondiale est orienté vers une harmonisation des droits et devoirs, pour une coexistence tolérée, les humains n'arrivent pas à s'entendre et à traduire dans l'effectivité les lois qu'ils se sont données. Or, les droits de l'homme doivent leur existence à l'activité de création et de réalisation des valeurs qu'ils produisent ou/et promeuvent pour les distribuer dans la circularité du bien commun.

Aussi est-il permis de penser que l'envahissement du monde par les droits de l'homme annonçait une restructuration en profondeur de notre société, dans toutes ses composantes. Cependant, il est impossible de dire avec exactitude quelles pourraient être les allures institutionnelles de l'État, de la culture, du droit, de l'économie, de la religion…

S'il est vrai que les droits de l'homme ne dominent pas la société, il est d'autant plus vrai qu'ils l'influencent. Ils sont visibles et lisibles sur l'esprit humain, les mœurs et les lois. Il est fait d'opinions discutables qui marquent l'expression de l'état collectif du groupe.

Le phénomène incompris, les droits de l'homme ne sont pas le résultat d'un coup de baguette magique. Au contraire, leur entrée en scène a été préparée par les crises politico-économiques en même temps que par l'évolution des cultures monarchiques. Aboutissement d'un long processus ils doivent s'acclimater aux réalités sociales des différentes cultures. C'est pourquoi, aussi paradoxal que cela puisse paraitre, ils sont comme la philosophie politique de Marx inachevé et méritent que chacun y mette du sien.

Ainsi, dans leur forme qu'on leur connait, les droits de l'homme doivent saisir le processus dans lequel ils prennent place, mais aussi doivent prendre en compte les combinaisons exceptionnelles des États tout comme de nos états pour transformer le monde.

Alors, que pensent Burke, Marx et Hannah Arendt des droits de l'homme ? Dans un commerce à travers ces trois penseurs, un va-et-vient régulier des conceptions marxiennes à celles ariendtiennes tout comme burkeennes, nous voulons présenter un commencement de la réflexion, articuler des idées pour aller au dépassement et en faire une seule pensée pour qu'il y ait un seul homme sans oublier le risque d'être interprété ou d'être jugé.

INTRODUCTION

L'histoire de l'humanité postmoderne s'est construite à partir des réalités sociales. La première de ces réalités qui s'offre à nous est la différence. Malheureusement, ce qui est étranger, à cause de son étrangeté, plutôt que de nous enrichir, devient un obstacle, un élément de peur qu'il nous faut détruire. À partir de cette vision, la différence se transforme en éléments conflitgènes destructifs et n'emprunte pas le chemin du dépassement comme moteur du changement et du développement au sens hégélien du terme.

Pour arriver à équilibrer les relations humaines et stabiliser le monde, regroupés en communautés non pas rivales, mais plutôt concurrentes qui devraient être complémentaires, les hommes se dotent de codes de bonne conduite et d'acceptation mutuelle de leur différence. À partir de ce référent social sur fond juridique, les hommes vont arriver à protéger leurs droits en normalisant ne serait-ce que théoriquement les rapports entre eux.

Les implications de cet accord vont permettre une certaine cohabitation plus ou moins pacifique entre les hommes. Pour ainsi dire, il naît une forme de relation ''diplomatique'' qui protège les individus et garantit un respect mutuel entre eux et entre les communautés, de sorte à permettre un commerce fluide qui régule la société. Or, parler de relation diplomatique revient à parler de la garantie des droits des membres d'une communauté à l'étranger. C'est là que naissent les questions de souveraineté nationale et de citoyenneté. Mais, avant même que de garantir le droit du citoyen à l'extérieur, il faut les lui reconnaitre et les lui assurer à l'intérieur de la nation. Ces deux principes ne sont pas évidents pour beaucoup d'États, notamment en Afrique. Pourtant, Paul Ricœur nous renseigne que, « *quelque chose est dû à l'être humain du seul fait qu'il est humain »* (Ricœur,1988, p. 236) : il s'agit de la liberté. Avant lui, Kant, repris par la Déclaration universelle des droits de l'homme montre que *« Les hommes naissent libres et égaux en* ***droits»*** *(Déclaration Universelle des Droits de l'Homme, 1789).* Cette liberté leur confère le caractère des sujets de droit. Ainsi, Bernard Bourgeois voit chez Kant que *« Le droit, c'est la liberté » (Bourgeois, 1990, p. 38)*. Et comme *« la liberté est l'essence de l'homme »(Bourgeois, 1990, p. 38)*, le droit est par conséquent intrinsèque à l'homme.

Curieusement, depuis des siècles, nous rencontrons des « *individus qui ne possèdent pas de nationalité, ne bénéficient d'aucune protection, et si un État leur fait tort, ils n'ont aucun moyen de se faire rendre justice, car il n'y a pas d'État compétent pour prendre leur affaire en main*» (Arendt, 1982, p276).

À côté de ceux-ci, les Africains ont été traités en esclaves et plus de deux siècles après, pendant que le génocide arménien est reconnu comme crime et réparé, l'humanité refuse de reconnaitre l'esclavage en Afrique comme un crime. Pris ainsi, l'Europe écarterait de l'humanité les Juifs et les Noirs ; la colonisation fut la marque de la négation des Droits de l'Homme ; les Boers disposaient des noirs comme des sujets et des moyens de promotion de leur bien-être; la naissance de minorités sans droits ; l'apatridie et les sans États ; en Mauritanie, des hommes sont encore tenus en esclavage ; au Nigéria, des femmes et des enfants n'ont plus de droit ; les guerres provoquées et entretenues à l'échelle mondiale vident le droit à la vie de toute sa substance ; certains pays, dont les États-Unis, pratiquent encore la peine de mort… ainsi, d'un point à un autre du globe, en fonction des puissances économiques et politiques, les hommes ne jouissent pas des mêmes droits. Selon que tu sois Européen, Asiatique, Américain ou Africain ; Ukrainien, Syrien, Libyen,

Malien, Chinois ou Baltimoréen… les droits varient. Les proclamateurs des Droits de l'Homme n'ont prévu aucune structure crédible et contraignante pour assurer l'accès égal et l'application universelle de ces droits proclamés. Cela se constate dans les réactions timides et timorées des organisations de défenses des droits humains qui sont restées sans efficacité. Ce constat d'impuissance des droits se fait sentir également au niveau des pays proclamateurs à cause du poids politique, de l'idéologie qui les gouverne, mais surtout des intérêts économiques. Désormais, le politique ne dirige plus la société. De cette même façon, le droit qui légifère en appui au politique est écarté.

Ces promesses non tenues vont être malheureusement consacrées par la mondialisation. Ce village planétaire qui devrait donner les mêmes droits à tous les hommes est plutôt le nouveau champ d'expérimentation et de promotion de la force des plus riches sur les plus pauvres, des plus forts sur les plus faibles. Ainsi que l'atteste Amnesty International, *« Il existe encore 81 pays au moins où des hommes et des femmes subissent des actes de tortures ou de mauvais traitements. 54 pays au moins où les procès ne sont pas conformes aux normes d'équité, et 77 pays au moins où il est impossible de s'exprimer librement »*. Tout ceci se passe sous le regard complice de ces pays, grands défenseurs des droits de l'homme, prompt à intervenir dans les affaires intérieures des autres États pour faire respecter les droits des hommes[1]. Annah Arendt avait déjà prévenu, *« les Droits de l'Homme, en principe inaliénable, se sont révélés impossibles à faire respecter, mêmes dans les pays dont la constitution se fondait sur eux » (Arendt, 1982, p.128).*

Nous présentons le postulat que la *reconnaissance d'une application effective, universellement au-dessus de*

[1] Les différentes interventions militaires pour dit on rétablir les droits de l'homme en Libye, Syrie, Côte d'Ivoire, Ukraine, Afghanistan…

toute norme due à une proclamation et à une souscription de tous, devrait donner lieu à un déploiement et à une forme «d'envahissement», de pénétration totale de nos sociétés par les Droits de l'Homme. Curieusement, ces droits sont devenus une idéologie de légitimation de l'ordre dominant qui empêche de poser la réalité des droits pour l'homme. Cette obstruction concerne, autant l'homme de la société civile bourgeoise que les exclus du droit, les femmes, les enfants, les noirs, etc.

Des génocides juif et rwandais aux mariages forcés actuels des jeunes filles enlevées au Nigéria en passant par la colonisation en Afrique, l'apartheid en Afrique du Sud, les affres des guerres[2] en Sierra Leone, au Libéria, en Côte d'Ivoire, en Syrie, en Libye, en Ukraine, l'apatridie... l'activité performatrice des Droits de l'Homme n'a pas connu l'effectivité. La déflagration du ''monde unipolaire'' et la dégénérescence du tissu social marquent ainsi des Droits de l'Homme avec une unique qualité : avoir été déclarés. Voilà ce qui fonde Burke, Marx et Hannah Arendt à demander que les Droits de l'Homme aient une relation moins déclarative et optent pour une posture plus offensive. Il faut pour ainsi dire que *la facticité des Droits de l'Homme laisse entrevoir des Droits de l'Homme discernables dans le champ social, parce qu'absolument réels.*

Posons-nous dans les pas de Burke, suivons les regards croisés inquiets de Marx et de Hannah Arendt sur l'épineuse question des Droits de l'Homme.

Avant toute chose, quels sont les fondements des Droits de l'Homme ?

---

[2] Femmes, jeunes filles et jeunes garçons violés, prisonniers égorgés, syndicats bâillonnés, partis politiques interdits, personnes détenues illégaleme.

I) À L'ORIGINE DES DROITS DE L'HOMME

Les droits de l'homme tels qu'ils avaient solennellement été proclamés par les Révolutions du XVIIIe siècle se fondaient sur la nature humaine. En effet, John Locke et les philosophes des Lumières avaient enseigné à l'humanité que l'homme devait s'émanciper de tout ce qu'il n'a pas créé pour ne croire qu'en lui-même. Il devait se servir de son propre entendement. Ainsi les hommes au XVIIIe siècle se sont émancipés du commandement de Dieu et de leurs propres traditions historiques. Autrement dit, ni le droit divin ni le droit de conquête ou d'héritage ne pouvaient plus tenir de références fiables. Ce fut le départ du déclin des fondements théologique et historique des droits de l'homme. En fait, aussi curieux que cela soit, c'est comme si la proclamation des droits de l'homme annonçait avant Nietzsche la mort de Dieu et de toute autorité traditionnelle. Ainsi, Arendt avance : « *Le premier résultat de l'accès de l'homme,* aux yeux d'Arendt, *à la maturité est que l'homme a fini à en vouloir à tout ce qui est donné, même sa propre existence à vouloir au fait même qu'il n'est pas son propre créateur ni celui de l'univers*»(Arendt, 2002, p.872).

L'homme exprimait ainsi sa volonté d'être le créateur de ses propres lois et l'artisan de son histoire.

Paradoxalement, tout se passe comme si les révolutions du XVIIIe siècle se sont finalement avérées inachevées ou tournées en dérision ; sur cette même lancée, c'est finalement dans la nature que les proclamateurs des droits de l'homme vont loger le fondement et la source de ces droits. La nature humaine prenait ainsi la place autrefois attribuée au commandement divin ou à l'histoire. Il s'agissait désormais de concevoir les droits de l'homme comme des droits naturels, c'est-à-dire droits inhérents à la nature humaine dont la raison permet de saisir l'évidence. L'homme devrait avoir les droits parce qu'il est un être de raison et plein de dignité. Autrement dit, *« les droits historiques étaient remplacés par des droits naturels, la ''nature'' prenait la place de l'histoire, et l'on admettait implicitement que cette ''nature'' était moins étrangère que l'histoire à l'essence de l'homme» (Arendt, 2002, p. 868)*. Cette nature était considérée par les philosophes comme solide et plus proche de l'essence de l'homme. Il s'agissait de la proclamation d'une nouvelle dignité de l'homme. Celle-ci *« était d'avoir accédé à la majorité, de s'être émancipé du commandement de Dieu et de sa propre tradition historique, qui l'avaient conduit comme un enfant guidé par son père» (Arendt, 2002, p. 868).*Les philosophes étaient ainsi assurés d'avoir bien fondé les droits naturels, car, à leurs yeux, ce fondement était bien plus solide que les fondements antérieurs.

À ce titre, les droits de l'homme devraient permettre la protection de tous les hommes y compris les étrangers et les apatrides, en vertu de leur statut juridique international. Fondés sur la nature humaine, ces droits étaient supposés porter en eux-mêmes leur garantie comme l'homme seul portait en lui-même sa dignité sans l'appui d'une communauté politique. Ce que les Déclarations des droits de l'homme semblaient indiquer, dit Arendt, c'est que *« si un homme perd son statut politique, il devrait en fonction des conséquences inhérentes aux droits propres et inaliénables de l'homme, tomber dans la situation précise que ces droits généraux ont prévue » (Arendt, 1982, p. 289).*À vrai dire, les droits de l'homme étant liés à la nature humaine et non au statut politique, ils devraient être garantis à tous les hommes sans aucune condition. Ce dispositif semblait bien fonctionner au départ, car *« tous* *les êtres humains*[3] *étaient citoyens d'une certaine forme de communauté politique » (Arendt, 1982, p. 594-595).* Ainsi, lorsque *« les lois de leur pays ne répondaient pas aux exigences des Droits de l'homme, on attendait d'eux qu'ils puissent les changer, par le biais de la législation dans les États démocratiques, de l'action révolutionnaire dans les régimes despotiques» (Arendt, 1982, p. 595).* En un mot, en tant que citoyens, les hommes arrivaient à faire appliquer plus ou moins leurs droits de l'homme.

---

[3] - Hannah Arendt ne considère ici que l'organisation du monde européen.

II) RÉVOLUTIONS, PROCLAMATION ET CODIFICATIONS DES DROITS DE L'HOMME

Quelle est l'origine des droits de l'homme ? La polémique à laquelle font face les droits de l'homme est de savoir si ces droits sont inhérents à la nature humaine ou s'ils sont le fait des institutions politiques. Il sera question de chercher à savoir d'où est-ce qu'ils tirent leurs sources, mais surtout de voir la procédure qu'ils suivent pour être concrets, par là même, l'effectivité de leur portée universaliste.

Pour ce faire, il nous reviendra d'interroger les sources politiques et juridiques des Droits de l'Homme. Ce négoce, nous le ferons à partir des réalités et des activités de deux grands blocs de révolutions : les révolutions anglo-saxonnes et la Révolution française. C'est à partir de ces mouvements que naissent les Droits de l'Homme.

II.1) Les révolutions anglaises

« L'idée des droits de l'homme n'a pas fait partie des idées fondatrices du droit anglais» (Baranger, 2004, p. 175). Nous dit Denis Baranger, dans le Dictionnaire des Droits de l'Homme, au moment où il parle du « *Common Law et droits de l'homme».* Curieusement, dans le même temps et dans le même espace, il déclare que : *« l'idée d'une liberté naturelle était présente dans la conscience historique des anglais»* (Baranger, 2004, p.179). À y voir de prêt, le droit anglais et les Droits de l'Homme entretiendraient une relation hautement ambiguë qui nécessite qu'on s'y appesantisse.

Au moyen âge les devoirs de l'homme étaient d'ordre moral, d'ordre naturel. Les temps modernes consacrent la suprématie des droits naturels. D'ailleurs, au XVIIe siècle, les droits naturels prennent la place les droits divins. Toute l'histoire de droits et de leur évolution a débuté en Angleterre. C'est à partir des évènements de 1215, par la force de la Carta Magna ponctués par la pétition de 1225 que les droits naturels prennent forme.

C'est l'histoire de la révolte de 1214-1215. En cette période le roi Jean sans Terre relève le taux des impôts. L'arbitraire du pouvoir et les difficultés sociales, poussent le peuple à ne pas suivre cette augmentation. Le mécontentement des populations progresse pour faire sa mue en révolte d'une partie de la société. En difficulté, le roi se voit dans l'obligation de négocier. Le fruit des négociations est consigné dans un document : la Carta Magna[4]. Il établit les droits des peuples anglais et tend à régir leur fonctionnement. Il peut au regard de sa proclamation être considéré de texte annonciateur des droits de l'homme. En admettant que ces droits soient des droits naturels, mais que leur reconnaissance et connaissance par tous demandent qu'ils soient proclamés ; et que cette proclamation n'ait été possible qu'à partir d'une révolte, la Carta Magna se pose comme le texte prophétique qui est à l'origine et présage les proclamations du XVIIIe siècle. D'ailleurs, les conditions de sa rédaction et de sa proclamation sont éloquentes. Ce sont les seigneurs anglais en exilé ou émigrés en France qui la rédigent. Sous la contrainte, elle est promulguée par le roi Jean qui vit dans la dépossession de ses terres. Il oblige le roi à lâcher certains de ses privilèges et prérogatives qu'il confit désormais au peuple. Ce beau texte *« énumère les privilèges accordés à l'Église d'Angleterre, à la cité de Londres, aux marchands, aux dignitaires féodaux, marque le renforcement de la féodalité en Angleterre» (Lochak, 2006, p.17).* L'Angleterre vit les premiers pas de la

[4] Il porte aussi le nom de Grande Charte et est rédigé en 1215 sous le règne du roi Jean.

reconnaissance juridique des libertés publiques et individuelles. Le pouvoir politique reconnait et se pose en protecteur de la liberté de circulation, des groupes sociaux, des marchands, des institutions et promeut désormais le droit à l'innocence.

La période est d'ailleurs favorable, car, les guerres civiles du XVIIe siècle ont déprécié la force de la religion et permis aux rois de s'affranchir de la tutelle papale. Désormais, tout roi a le droit de dire qu'il jouit de l'onction divine sans se référer au pape. Leur pouvoir leur viendrait directement de Dieu lui-même sans passer par ses envoyés. Cette origine divine du pouvoir pousse le roi à la dictature. Il ne reconnait plus les droits des classes sociales puisqu'il se dit consacré par Dieu lui-même. Son pouvoir n'ayant plus de limite, tout lui est permis. Cette absence de contre-pouvoir va conduire la royauté à des excès qui entraineront des soulèvements. L'un des faits marquants sera la « Pétition des Droits » en 1628 suite aux mouvements sociaux. Il est bon de savoir que la ''Pétition des Droits'' est une requête adressée au roi Charles 1er par le Parlement aux fins de combattre ses ambitions absolutistes. Cette pétition va connaitre une forme plus légale et institutionnelle avec la loi qui reconnait et garantit à tout homme arrêté, le droit d'être présenté aussitôt devant une juridiction qui statut sur la légitimité de son arrestation : l' « Habeas Corpus » en 1679 est alors signé sous Charles II. Avec l'habeas corpus, il y a une limitation de pouvoir arbitraire du roi en lui opposant le principe que tout détenu doit être présenté à un juge dans un bref délai. Il est donc donné à tout individu accusé et arrêté d'avoir le droit d'exprimer formellement une demande d'habeas corpus devant la justice. Celle-ci pouvait, en réponse, exiger la comparution du détenu devant un tribunal dans un délai de trois jours. Après analyse de son dossier et des charges retenues contre lui, le prisonnier pouvait être, sur décision de la justice, maintenu en prison, libéré sous caution ou acquitté.

Rappelons qu'au nom des droits naturels, le mouvement d'une partie du peuple a abouti à cette pétition de droits qui révèle les barbaries commises par le roi pour le contraindre à respecter les libertés du peuple. En cette période, les idéaux des droits naturels et de libertés individuelles défendus par Grotius et surtout par Hobbes, lui-même citoyen anglais prenaient formes et commençaient à féconder les esprits. S'il est vrai que cette loi commençait à être mise en vigueur, il est aussi vrai que les droits du peuple n'ont pas été respectés par Charles 1er. Cette non-observation de la loi qu'ils se sont donnée ensemble pour faire régner l'harmonie dans la société, va entrainer la décapitation en 1649 de Charles 1er qui avait dissous le parlement pour gouverner en solitaire. Cependant, dans son obsession à gouverner seul, le roi s'appuya sur les catholiques à qui il accordait beaucoup de privilèges. Cette attitude créa un climat de tension entre les catholiques et les autres membres de la société et fut à l'origine de la rupture entre lui et le parlement. Ce fut le début d'une horrible guerre civile entre ses partisans et l'armée du parlement. C'est ici que la pensée de John Locke voit tout son intérêt. Pour lui, l'existence du pacte social n'est pas synonyme de la fin des droits naturels des individus. Par là, l'État et l'église ne peuvent pas être confondus. Il faut donc séparer ces deux entités, car, n'a pas à interférer dans les intérêts civils tout comme l'État n'a pas à intervenir dans la liberté de culte. Cette idée préside aux destinées du premier texte des droits de l'homme, elle fonde la Constitution anglaise et marque la fin de l'absolutisme des Stuart. Ce texte, le « Bill of Rights » permet de définir les droits du parlement et des citoyens.

À côté de Locke, Thomas Hobbes estime que les hommes doivent avoir recours à un gouvernement civil pour abandonner l'état de nature. Cela marque la nécessité d'un juge qui soit capable d'infliger des sanctions justes et réparatrices.

Cependant, Cesare Beccaria être considéré comme celui qui, le premier rationalise et rend accessible le droit pénal. Au-delà, il est le concepteur ou celui qui a inspiré au moins quatre articles de la Déclaration Universelle des Droits de l'Homme. En atteste l'article 8 de la Déclaration des droits de l'homme et du citoyen du 26 aout 1789 qui postule la non-rétroactivité de la loi pénale; l'article 5 qui détermine les actions à proscrire dans la société définit le cadre légal de la détention et/ou de l'arrestation en l'article 7; la présomption d'innocence annoncée par l'article 9. La contribution anglaise à la conquête des droits de l'homme ne se limitait là. Encore en 1689, une liste de liberté politique fut dressée. Elle stipulait que le nouveau roi Guillaume d'Orange (Guillaume III) s'engage à respecter en échange de la reconnaissance, par le parlement, de ses droits au trône. Les libertés énoncées en Angleterre de 1215 jusqu'en 1689, tirant leur force de leur positivisme et pragmatisme, c'est-à-dire ne concernant que les Anglais, échappaient ainsi à une conception vague et floue. Elles étaient réalistes et démontraient que la liberté ne peut être conférée que par un État, et que sa réalité se bornait aux citoyens de celui-ci.

Cependant, la difficulté à laquelle fait face ce beau projet de droit, est le principe de ce que, ce qui fait la force de ces libertés est ce qui fait en même temps leur faiblesse. L'absence de cette prétention universaliste n'a pas permis de les considérer comme des sources authentiques des droits de l'homme. Autrement dit, les droits des anglais se sont présentés beaucoup plus comme des droits des peuples que des droits de l'homme, étant donné qu'ils ne s'attachaient point à la nature humaine, encore moins à l'idée de l'universel. Il est donc difficile, tel que le fait remarquer l'historien John Baker, de considérer le droit anglais comme le "droit des droits". Toutefois, les pactes anglais demeurent les premières sources les plus solides et les plus élaborées de ces droits. Dans une Europe engloutie par l'absolutisme monarchique, l'Angleterre était la seule terre de libertés individuelles. C'est pourquoi il est légitime de la considérer comme la terre ancestrale des droits de l'homme.

Mais, les révolutions anglaises ont tendance au conservatisme. Elles ne visent pas à instaurer la liberté ni à instituer un nouvel ordre. Elles visaient plutôt une restauration de droits perdus. Cela est perceptible dans les remarques d'Edmund Burke qui pose que la Révolution Glorieuse de 1688 était juste une réforme. Celle-ci n'a consisté qu'à exiger la restauration des droits. C'est pourquoi les révolutionnaires anglais *« renvoyèrent le monarque seul et conservèrent leur constitution» (Burke, 1790, p.8).* Les Anglais ont voulu ainsi conserver leur tradition. Or c'est ce caractère de retour au passé des mouvements anglais qui a conduit Arendt à refuser de les admettre comme des révolutions authentiques. Pour elle, la vraie révolution doit avoir pour but la liberté. Il ne s'agit non pas de restauration comme chez les Anglais, mais plutôt d'institution. La révolution doit être une innovation, l'introduction de ce qui est nouveau dans l'histoire. Elle n'est pas une question de retour en arrière, ni une simple réforme. C'est plutôt de l'institution de liberté et des corps politiques entièrement nouveaux. C'est l'agir comme un nouveau commencement. Dans ce sens, seules les révolutions des XVIIIes siècles méritent leur nom.

II.2) La révolution américaine

II. 2.1) Une activité rebelle

Hannah Arendt présente la Révolution américaine comme le plus grand évènement de la modernité politique[5]. Après les théories du contrat social, des droits naturels et de l'émancipation de l'homme, les événements politiques, notamment révolutionnaires ont montré que les théories des philosophes, notamment ceux des XVIIe et XVIIIe siècles, ne sont pas de vaines spéculations. Les philosophies de Lumières ont les capacités de renverser ou faire renverser des pouvoirs politiques pour instruire un changement de l'ordre des choses. En fait, *« le dix-huitième siècle est un siècle fortement politique chez Arendt» (Moreault, 1999, p.180).* Elle voulait ainsi traduire le fait que ce siècle ait donné lieu à des expériences de liberté politique où les citoyens participent activement à la vie politique. Malheureusement, l'esprit des Pères fondateurs n'a pas pu être sauvegardé, le trésor a été perdu. Que s'est-il passé exactement ?

En 1776, précisément le 04 juillet, les colonies britanniques d'Amérique du Nord, au nombre de treize, se rebellèrent contre la Couronne d'Angleterre et proclamèrent leur indépendance[6].

Pour les Américains, le roi d'Angleterre a rendu son règne insupportable par des abus de pouvoir. Il a pratiqué l'arbitraire en refusant de promulguer les lois les plus salutaires, en subordonnant à son unique volonté la fonction des juges et l'accroissement de la population. Le roi s'est aussi rendu coupable d'oppression et de toute sorte de barbarie en refusant le gouvernement des Américains, en procédant aux pillages des mers, aux ravages des côtes et à des massacres à l'aide des

---

5 - Hannah ARENDT, *La Crise de la culture,* op.cit, p.109

6- « Déclaration d'Indépendance des États-Unis d'Amérique », Philadelphie, 1776, préambule.

mercenaires cruels et sans scrupules. Pour tous ces faits, les Américains ont procédé à des pétitions afin de rétablir la justice et la paix. Mais, ces pétitions n'ont reçu de réponse que de nouvelles injustices et des brimades. Même le secours formulé à l'endroit du peuple anglais n'eut point d'effet. C'est pourquoi se rendant à l'évidence, les Américains déclarent que le roi d'Angleterre s'est montré indigne de gouverner un peuple libre, comme celui d'Amérique.

Les Américains se déclarent ainsi libres et sont prêts à défendre cette liberté, au prix de leur vie. Ils s'autorisent à regarder le peuple anglais tout comme tous les autres peuples en ennemi dans la guerre et en ami dans la paix. Convaincus ainsi de la justesse de leurs intentions, les Américains déclarent que les droits naturels de l'homme à l'égalité constituent l'une des vérités les plus évidentes par elles-mêmes ainsi que le droit à la vie, au bonheur et à la liberté. Pourles américains, tout gouvernement ne devrait garantir que ces droits. Les colonies d'Amérique se déclarent ainsi indépendantes afin d'instituer un gouvernement libre et capable de garantir les droits naturels du peuple américain. Naturellement, la Couronne d'Angleterre dans l'absoluité refuse d'accepter cette proclamation ; ainsi, une longue guerre d'indépendance s'en est suivie. Au cours de cette guerre, la France et d'autres pays d'Europe ont appuyé les Américains. Ce n'est qu'en 1783 que l'Angleterre accepta l'indépendance des États-Unis d'Amérique.

II.2.2) Les déclarations américaines de droits

Durant la période de la Déclaration du 4 juillet 1776, plusieurs États d'Amérique du Nord ont eu à proclamer leur déclaration de droits. Ainsi, avaient procédé à la Déclaration des droits les États suivants : la Virginie en juin 1776, la Pennsylvanie en septembre 1776, le

Delaware en septembre 1776, le Maryland en novembre 1776, la Caroline du Nord en décembre 1776, le Vermont en juillet 1777, la Massachusetts en mars 1980, le New Hampshire en octobre 1783. Analysons la *Déclaration des droits de l'État de Virginie* du 12 juin 1776 et la *Déclaration d'indépendance des États-Unis* du 4 juillet 1776 étant donné la première à la servi de référence à la seconde qui, elle, concerne l'ensemble des États formant l'État fédéral.

L'idée de l'état de nature avait considérablement influencé les Virginiens au point où, ils étaient convaincus que l'homme recevrait ses droits de la nature qu'il possédait ce droit avant son entrée dans la société et que cette entrée dans la société ne devrait pas l'obliger à adhérer à des contrats qui aliéneraient les droits de ces enfants, conformément à la pensée rousseauiste. L'article premier stipule ceci : *« Que tous les hommes sont nés également libres et indépendants, et qu'ils ont certains droits inhérents dont ils ne peuvent, lorsqu'ils entrent dans de l'état de société, priver ni dépouiller par aucun contrat leur postérité» (Lochak, 2006, p.16)*. Ces droits sont : *« le droit de jouir de la vie et de la liberté, avec les moyens d'acquérir et de posséder des biens et de chercher à obtenir le bonheur et la sûreté» (Lochak, 2006, p.16).* Les autres articles prônent les principes favorables à la démocratie (art.2), à la protection des biens communs (art.3), à la séparation de pouvoir (art.5), à la liberté des élections, à la sûreté de la personne, à une justice impartiale (art.8 à 11), à la liberté (art.12). La déclaration de Virginie ayant fait des droits proclamés, le fondement des gouvernements, ceux-ci ne devraient trouver leur légitimité qu'en assurant à ceux-là une meilleure garantie.

La Déclaration d'indépendance des États-Unis, dont le rédacteur principal est Thomas Jefferson, a adhéré à l'essentiel des droits proclamés par l'État de Virginie.

Toutefois, il est à préciser qu'elle a procédé d'abord par l'énumération des griefs contre la Couronne d'Angleterre. Elle a en outre insisté sur le droit à l'égalité et l'assurance de garantie par un gouvernement. Le Congrès américain a adopté cette déclaration le 4 juillet 1776. Mais, cette idée de l'égalité naturelle ne saurait rencontrer l'adhésion d'Hannah Arendt qui écrit : *« l'isonomie garantissait l'égalité, non point parce que tous les hommes sont nés ou créés égaux, mais, au contraire, parce que les hommes, par nature, ne sont pas égaux» (Arendt, 1972, p.39).* C'est pourquoi *« ils ont besoin d'une institution artificielle, la polis, qui par vertu de sa vouos les rend égaux » (Arendt, 1972, p.39).*

Les hommes, selon Arendt, ne sont pas égaux par nature. Ils ne peuvent le devenir que dans et par la politique, car *«l'égalité, l'isonomie, était l'attribut de la polis » (Arendt, 1972, p.39);* et les hommes *« recevaient l'égalité par le fait de la citoyenneté, non par droit de naissance» (Arendt, 1972, p.40).* En se référant au passé, elle affirme que l'égalité et la liberté ne sont pas inhérentes à la nature humaine, mais sont le produit des efforts humains, *« qualités du monde issu de la main de l'Homme» (Arendt, 1972, p.41).* Toutefois, elle considéra que les droits proclamés par les Américains n'étaient pas des droits naturels qui seraient applicables en dehors de toute communauté, il s'agissait d'étendre les droits des Anglais à tout être, c'est-à-dire des droits réels qui sont garantis par des institutions juridiques et politiques, à d'autres peuples. Ainsi, elle écrit *: « que vous soyez Anglais, Irlandais, Allemands ou Suédois (...) vous avez droit à toutes les libertés des Anglais et à la liberté de cette constitution» (Arendt, 1972, p.217).* Mais ici, Hannah Arendt nous paraît ambigüe : comment se révolutionner contre l'Angleterre et vouloir en même temps bénéficier des droits qu'elle garantit ? Nous pensons qu'elle force par là le pragmatisme américain. Elle souhaiterait y trouver les justificatifs de sa conception philosophique, c'est-à-dire un équilibre entre le conservatisme et le libéralisme. Il s'agit de conserver dans la tradition ce qu'il y a de neuf. C'est d'ailleurs en ce sens qu'elle glorifie le succès de la révolution américaine.

II.2.3) La révolution américaine, une victoire terne

Avant la Révolution américaine, l'Amérique connaissait une prospérité et était déjà riche. Cela veut dire qu'elle s'était déjà libérée des nécessités vitales. Elle avait opéré sa première forme de libération, la libération économique. La deuxième trouvait déjà un sol fertile, c'est-à-dire une condition favorable, dans la mesure où la monarchie britannique était modérée. L'Amérique semblait avoir également opéré la transition vers la révolution politique ; elle avait déjà adopté la démocratie. C'est avec beaucoup d'enthousiasme que Hannah Arendt le dit : *« La démocratie a été réalisée en Amérique bien avant la Révolution» (Arendt, 1975, p.20).* Cette démocratie, pour Hannah Arendt, se dévoile à travers le *« droit de participer à l'administration locale, à celle des communes, à celles des États, etc.» (Arendt, 1975, p.20).* La tâche de cette révolution était alors l'institution de la liberté dans la mesure où elle *« devait donner une structure juridique et un système juridique à cette société démocratique déjà existante» (Arendt, 1975, p.20).*Il était question pour les Américains de se doter de structure purement politique. Ceci entraine le fait qu'ils ne pouvaient plus accepter de continuer à accepter de vivre, en tant que peuple émancipé, sous le règne du roi d'Angleterre. Pour mettre fin à cette subordination, ils ont institué et constitué une République fédérale. Il s'agissait donc, dit Arendt, « d'instaurer la république en tant que règne (Herschaft) de la loi. On n'obéit pas à quelqu'un, on obéit simplement aux lois, et on participe soi-même à cette loi fondamentale»*(Arendt, 1975, p.20)*. Toujours selon Arendt les Américains exprimaient leur refus de se soumettre la volonté du roi et leur désir de régir leur relation par la loi.

Deux principes ont présidé, aux yeux d'Arendt, à l'action révolutionnaire américaine : la promesse mutuelle et la commune délibération. C'est en ces termes que Francis Moreault exprime cette position : *« C'est en partageant et en exerçant ces principes de l'action que les Américains étaient parvenus "au grand amour de la liberté politique"» (Moreault, 1999, p.180)*. Autrement dit, c'est l'exercice de ces deux principes qui ont conduit les Américains à l'amour de la liberté. En effet, la promesse mutuelle a consisté pour les Américains à s'unir et à s'engager mutuellement par des promesses et des accords. La Révolution américaine ne s'est pas limitée à la liberté politique, mais elle est parvenue à la naissance d'un nouveau gouvernement. Il reçoit sa légitimité du consentement des citoyens. Ce gouvernement a réussi à instituer une République fédérale. Et, c'est seulement au sein de cette république que les actions concertées des citoyens sont possibles.

Les deux grands moments fondateurs de la Révolution américaine étaient la constitution et la République fédérale. La révolution ne consiste pas seulement dans une action violente ; il faut qu'elle contribue à instituer de nouveaux corps. À travers l'institution de la constitution, l'Amérique avait conçu un nouveau système politique fondé sur la théorie de séparation et d'équilibre des pouvoirs telle que prônée par Montesquieu. Les Américains voyaient dans cette théorie le chemin de la liberté. C'est toujours en s'inspirant de ce philosophe politique, qui opère une rupture dans la tradition de la philosophie politique, qui réduit le pouvoir à la domination, que les Américains fondent la République fédérale où la souveraineté n'existe presque pas.

En évoquant la souveraineté, c'est Rousseau qui est ici attaqué par Arendt. Rousseau et beaucoup d'autres philosophes ont tendance à confondre la liberté avec la souveraineté. Cette confusion est la conséquence d'une autre, celle de la liberté politique et du libre arbitre. La liberté politique est pluraliste et égalitaire alors que la souveraineté est exclusive et dominatrice. Les avantages de la République fédérale sont la décentralisation et la répartition équitable du pouvoir.

La condition selon Hannah Arendt pour éviter la dictature, puis le totalitarisme est la multiplication de centres du pouvoir et l'effective participation des citoyens à la vie publique.

En un mot, les Américains ont fait de leur révolution une réussite parce qu'ils ne se sont pas contentés de mener une révolte violente, ils sont parvenus à instaurer une constitution libre et à fonder une République fédérale. En vérité, *« les Américains auraient quand même été d'accord avec Robespierre sur le but ultime de la révolution, la constitution de la liberté, et sur la tâche réelle du gouvernement révolutionnaire, la fondation d'une république»(Arendt, 1972, p.20).*

La Révolution américaine a réussi à concilier l'autorité avec la liberté. Si nous admettons qu'Arendt se situe à la croisée du libéralisme et du conservatisme ; cela revient à dire qu'elle veut trouver ici l'équilibre de sa position. Autrement dit, elle voit dans les actions des Pères fondateurs de la Révolution américaine, une dose aussi bien de conservatisme que de libéralisme. Les Pères fondateurs ont réussi, selon elle, à instituer plusieurs formes d'autorité. La première est l'autorité judiciaire. C'est celle dont est investie la Cour suprême (mais également le sénat). Il s'agit de trouver des bornes à la liberté politique, d'interpréter la loi et de conférer à la république sa légitimité. C'est la conciliation de la liberté politique avec la loi. La deuxième, c'est l'autorité politique. Elle est traduite à travers les corps politiques, tels que la chambre des représentants. C'était une manière de concilier la liberté politique avec les autorités politiques afin de permettre un monde stable.

Cependant, le grand échec de la Révolution américaine aura été son basculement vers la démocratie représentative. En effet, la constitution américaine n'a pas prévu la possibilité pour le peuple de participer directement à la vie publique. C'est en ce sens qu'Arendt considère que la Révolution a offert la liberté à son peuple sans prévoir d'espace pour son exercice. Cela serait, à ses yeux, contraire à l'esprit des Pères fondateurs. C'est pourquoi le bonheur public, des deux possibilités de sens qu'il présentait, a été vite considéré comme la recherche du bien-être au détriment de la participation aux affaires humaines et publiques. Mais au-delà cet échec de la Révolution américaine n'est pas seulement le fait de s'être détournée de l'esprit des Pères fondateurs, il y a une autre raison de fond qui explique sa stérilité en matière de politique internationale. Le malheur des Américains aurait été leur incapacité de se souvenir et de pratiquer la philosophie (toute la littérature y comprise). Pour Hannah Arendt, le passé ne peut être conservé que par sa condensation dans des concepts, car *« l'esprit humain a besoin de concept pour fonctionner, même mal» (Arendt, 2007, p.325).* Or les Américains n'ont que peu d'intérêt pour les concepts. Cette négligence de la pensée conceptuelle ne saurait permettre de valoriser l'histoire des Américains dans la mesure où *« aucun souvenir n'est en sûreté si ce n'est condensé, distillé dans la charpente des notions conceptuelles à l'intérieur de laquelle elle peut continuer à s'exercer» (Arendt,2007, p.20).* Les

Européens, versés dans la philosophie et la littérature, n'ont pas accordé beaucoup d'intérêts à la Révolution américaine. Bien au contraire, ils ont valorisé la Révolution française, celle de leur continent. À leur théorie, ils ont fait succomber la Révolution américaine. Ainsi, toutes les révolutions à l'exception de la révolution hongroise de 1956 tombèrent sous le coup de la Révolution française. C'est ce qui explique l'apparent succès mondial de celle-ci.

II.3) La Révolution française

L'évènement moderne *« qui a mis le feu à la terre » (Arendt, 1972, p.324)*c'est la Révolution française nous dit Arendt. Elle n'a pas voulu être la continuité des anciennes révolutions, notamment de la précédente américaine. Bien qu'elle *« ne fût peut-être jamais déroulée sans le glorieux précédent de l'autre côté de l'Atlantique» (Arendt, 1972,* p.317), la Révolution française s'est voulue sans précédent. Au contraire de la première qui avait tenté une conciliation entre liberté et autorité, la seconde s'est voulue radicale, et purement libérale. Ce fut la politique de la terre brûlée. Elle s'est posée en un changement radical de l'histoire de l'humanité. C'est le début d'une nouvelle histoire, d'un nouveau commencement, d'une nouvelle ère. C'est en ce sens que la philosophe juive affirme : *« si un évènement a rompu les liens entre le Nouveau Monde et les pays du vieux continent, c'est la Révolution française» (Arendt, 1972, p.317).* Que s'est-il réellement passé ? Véritablement, en quoi cette révolution est-elle radicale ?

II.3.1) Le contexte de la naissance

Le XVIIIe siècle fut un siècle d'ambigüité pour l'Europe. De plus en plus, le despotisme se radicalisait. Hormis l'Angleterre, les libertés individuelles étaient inexistantes sur tout le continent. Pourtant, il s'agit bien du siècle de la connaissance en général et de la philosophie en particulier. Le développement de la science et de la technologie est très remarquable. La révolution industrielle et l'invention de la machine à vapeur en sont les illustrations parfaites. La philosophie est portée à son sommet. Elle semble prendre du pouvoir dans les mentalités. Les idéaux de liberté et d'égalité prônés par les Lumières ont conquis les esprits. Les Européens ont déjà tué tous leurs dieux, il ne reste plus qu'eux-mêmes ; ils n'ont plus de confiance qu'en l'homme. Le développement des droits naturels en Angleterre, notamment la Glorieuse Révolution de 1688, constitue une sorte de lueur d'espoir sur l'Europe. Surtout l'émancipation très récente des peuples colonisés de l'autre côté de l'Atlantique à laquelle les Européens, notamment la France, ont apporté leur soutien, ne pouvait les laisser indifférents. Elle constitue désormais une source inébranlable d'inspiration et d'espoir. Dans une Europe trop portée au changement, il ne faillait qu'une goutte d'eau pour faire déborder la vase.

En cette année 1789, la France de Louis XVI est secouée par une grave crise économique. L'entretien de la vie de luxe de la cour royale enfonce le pays dans l'endettement. Pendant ce temps, la population, déjà victime d'une mauvaise récolte, souffre de misère et de famine. Les impôts sont très élevés et finissent par devenir insupportables. Les privilèges de la cour royale sont énormes, incompréhensibles donc non justifiables et révoltants. Cette situation de grande injustice ne pouvait qu'être inacceptable dans une Europe aussi éclairée par la lumière de la philosophie, une Europe à qui il a été enseigné que le roi n'a de pouvoir que celui que le peuple lui accorde (La Boetie). Évidemment, le peuple français prend la responsabilité qui est la sienne et décide par un ‘‘décret populaire’’ de retirer au roi son pouvoir.

II.3.2) Le déploiement de la révolution

Pour la première fois depuis 1614, vont se tenir les états généraux. Ils auront lieu le 05 mai 1789 ; le 17 juin, les députés du tiers état se proclament Assemblée nationale et exigent l’établissement d’une constitution écrite. Dans le même temps, la population descend dans la rue, refuse de se disperser et réclame la démission du roi. L’Assemblée Nationale devient l’Assemblée constituante pour rédiger la Déclaration des droits. Il s’agissait selon le mot de Mounier, de rappeler les principes susceptibles de fonder toute espèce de société et de formuler les articles comme dérivant d’un principe[7]. Le 14 juillet, le peuple prend la bastille. C’est à cette date que, selon Hannah Arendt, le mot révolution fit son entrée dans le vocabulaire purement politique. Elle écrit « *La date, c’est le soir du 14 juillet 1789, à Paris, au moment où Louis apprend du Duc de la Rochefoucauld-Liancourt la nouvelle de la chute de la bastille et de la libération de quelques prisonniers ainsi que la défection des soldats du Roi devant l’attaque populaire »(Arendt, 1972, p.65).*

Ainsi entre le roi et son envoyé s’installe un dialogue : *« le roi, nous dit-on, s’écrit : "c’est une révolte ", et Liancourt le corrige : "Non, Sir, c’est une révolution"* » (Arendt, 1872, p.65) Liancourt voulait signifier son aspect irrésistible, comme résultant d’une nécessité. Cette conception avait au moins l’avantage de ne pas être cyclique, comme chez les Anglais. Pour Arendt, une révolution n’est pas une révolte, mais un acte politique qui vise à instituer, et non à restaurer, de nouveaux corps politiques capables de garantir la liberté.

Après le 14 juillet, précisément à la fin du mois de juillet, les paysans se révoltent à leur tour contre le

[7]- Gilles LIBRETON, *op. cit*, p.71

féodalisme. Le 04 août, le régime féodal sous la pression de l'Assemblée céda et abandonna des privilèges[8]. Concernant l'élaboration de la déclaration, plusieurs projets furent soumis à l'Assemblée. Gilles Libreton rapporte que quatre projets vont cependant émerger du lot par leur qualité intrinsèque, leur pertinence et par la notoriété de leurs acteurs : il s'agit des projets de Mounier, Sieyès, Mirabeau et Lafayette. C'est sur ces projets que le débat se déroulera. Le 26 août 1789, les droits de l'homme et du citoyen furent proclamés.

II.3.3) Les droits proclamés

Si la Déclaration américaine a posé trois principaux droits de l'homme qui sont la vie, la liberté et la recherche du bonheur, fondé sur l'égalité naturelle, la Révolution française elle, en a proclamé quatre : la liberté, la propriété, la sûreté et la résistance à l'oppression. Un cinquième, l'égalité naturelle, a été consacré par la Déclaration de 1793. Ce sont ces cinq droits de l'homme, qui feront l'objet de notre analyse.

° La liberté

La liberté, selon l'article 2 de la Déclaration française, est le pouvoir de faire tout ce qui ne nuit pas à autrui tel que le stipule l'article 2. Il s'agit précisément de la liberté d'opinion, la liberté religieuse, la liberté d'expression et la liberté de presse, telle que traduites par les articles 10 et 11.Conformément à la conception bourgeoise, la liberté dont il s'agit est la liberté des individus qui doivent être protégés du pouvoir public ainsi que des autres hommes.

Pour Marx, la liberté, telle que proclamée par les Français est un instrument de séparation de l'homme d'avec ses semblables. La loi pose ainsi malheureusement

---

[8] - C'est l'Assemblée elle-même qui avait aboli ces privilèges de la cour royale.

les limites dans lesquelles l'individu peut se mouvoir sans nuire à autrui, semblable à la limite de deux champs définie par un piquet. Une telle liberté semble séparer effectivement les hommes et laisser chacun dans son domaine privé.

° La propriété

Naturel, imprescriptible, inviolable et sacré, ce droit n'est tout simplement qu'un abri contre la société. Dans sa propriété, chaque citoyen est le centre du monde et jouit, comme dit Sartre, d'une liberté pleine et entière. Ce droit ne peut être restreint qu'à deux conditions : une justification par une nécessité publique légalement constatée et une récompense par le versement d'une juste et préalable indemnité. L'article 17 l'explique en ces termes : *« les propriétés étant un droit inviolable et sacré, nul ne peut en être privé, si ce n'est lorsque la nécessité publique, légalement constatée, l'exige évidemment, et sous la condition d'une préalable indemnité*[9]*. »*

Encore une fois, Marx considère la propriété comme *« le droit de jouir de sa fortune et d'en disposer à "son gré" sans se soucier des autres hommes, indépendamment de la société, c'est le droit à l'égoïsme»* (Marx, 1968, p.38). Au fond, les bourgeois par ce droit veulent jouir seuls du fruit de leur travail et de l'argent qu'ils gagnent par l'exploitation de l'homme par l'homme.

° La sûreté

La sûreté est le droit qu'a l'homme contre le pouvoir politique de ne pas être incarcéré arbitrairement. En vertu de ce droit, les articles 7 à 9 proclament les principes de légalité des peines, de non-rétroactivité de la loi pénale, et de la présomption d'innocence. Ces principes contribuent

---

9- « Déclaration des Droits de l'Homme et du Citoyen », Paris, 1789, art.17

en fait à la protection du droit à la sûreté. Ils sont inspirés de Cesare Beccaria et constituent les fondements du droit pénal. Ils consistent à réglementer et à atténuer la sanction, comme solution juridique à la question du châtiment.

Ce droit à la sûreté n'a pour conséquence que de laisser l'individu en paix, dans son domaine privé, c'est exactement ce que pense Karl Marx quand il affirme que la notion de la sûreté ne peut empêcher l'égoïsme du bourgeois. Au contraire, elle ne fera que le renforcer puisqu'il n'est point inquiété par les sanctions. C'est d'ailleurs elle qui l'autorise à réclamer le droit à la résistance.

° *La résistance à l'oppression*

Le droit à la résistance a été annoncé par la Déclaration de 1789, mais elle n'apporte pas plus de précisions. C'est la Déclaration des Droits de l'Homme et du Citoyen de 1793 qui apporte les détails. En annonçant qu'il est la conséquence des autres droits, l'article 33 de la Déclaration de 1793 le pose comme une garantie, c'est-à-dire la possibilité offerte au peuple d'exiger et d'obtenir le respect de ses droits. Cela inclut l'usage de la force populaire, en cas de violation grave. C'est pourquoi l'article 35 annonce : *« Quand le gouvernement viole les droits du peuple, l'insurrection pour le peuple et pour chaque portion du peuple est le plus sacré des droits et le plus indispensable des devoirs*[10]*. »* Même si la Déclaration de 1793 n'est jamais entrée en vigueur, elle n'est pas moins susceptible d'éclairer des articles annoncés dans la déclaration de 1789.

Paradoxalement, c'est Kant, ce philosophe des Lumières et fervent défenseur des idéaux de révolution, pour qui la minorité est un état de tutelle dans laquelle l'homme s'est mis lui-même, qui s'élève contre ce droit. Il

---

[10]- Déclaration des Droits de l'Homme et du Citoyen, op.cit, art.35

considère que le changement brutal d'une constitution, même illégale, est lui-même illégal. C'est en fait, l'usage de la violence, et non le changement, qui l'inquiète. Or le droit de résistance à l'oppression suppose l'usage de la violence. Cela est susceptible, selon lui, d'entraîner le désordre. Mais le rejet radical du droit de résistance ne fait que mettre en exergue l'ambiguïté de la question des droits de l'homme, en tant que droit naturel, car chaque homme tient ce droit de la nature.

° *L'égalité*

Le droit à l'égalité n'a pas été proclamé par la Déclaration des Droits de l'Homme et du Citoyen du 26 août 1789 ; elle *« ne range pas l'égalité parmi les droits de l'homme» (Libreton, 2003, p.74),* affirme Gille Libreton. Il révèle que *« cette omission est volontaire. Mounier qui, on l'a vu, est le maître d'œuvre des trois premiers articles, a sciemment écarté l'idée naturelle, afin d'éviter d'encourager la dérive anarchique de la Révolution » (Libreton, 2003, p. 75).* Par le refus de compter l'égalité parmi les droits naturels, l'on peut trouver là des points d'accord entre la Révolution française et la pensée arendtienne. Cela est d'autant plus juste qu'au lieu d'opter pour l'égalité naturelle, la Révolution a proclamé l'égalité de droit. Mais l'idée de l'égalité naturelle prônée par les philosophes des Lumières n'avait sans doute pas quitté l'esprit des révolutionnaires français.

Et, c'est la Déclaration française de 1793 qui va la proclamer. En son article 3, où elle affirme : *« tous les hommes sont égaux par la nature et devant la loi*[11]*. »* Les révolutionnaires retournent à ce qu'ils avaient voulu éviter ou contourner : l'égalité naturelle. Avant Arendt, Karl Marx l'a critiqué. Il trouve que cette égalité n'a pas de

[11] - Déclaration des Droits de l'Homme et du Citoyen, op.cit, art.33

signification politique. Elle consiste plutôt à isoler, comme la liberté, les hommes. Mais Arendt y voit une hypocrisie et une dérision. En fait, *« l'idée même d'égalité telle que nous la comprenons, au sens que toute personne est née égale à toutes les autres du fait même de sa naissance et que l'égalité est un droit de naissance, était totalement inconnue antérieurement à l'époque moderne» (Arendt, 1972, p. 54).* L'égalité est donc une invention de la modernité. Bien plus, elle ne tient pas compte des inégalités sociales des individus. C'est pourquoi, elle affirme : *« l'impartialité de la justice, l'application des règles identiques pour ceux qui dorment dans le palais et ceux qui couchent sous les ponts de Paris est une dérision» (Arendt, 1972, p-p. 129-130).* Tout se passe comme si Hannah Arendt était d'accord avec Nietzsche pour dire que la Révolution française est l'œuvre des misérables et de tous ceux qui veulent égaler les autres sans les valoir. Elle explique que la doctrine des égaux, c'est-à-dire le fait de vouloir que l'homme de la rue soit logé à la même enseigne que l'homme du palais, a donné l'espoir aux pauvres que leur situation de misérable pouvait être résolue par la révolution et les droits de l'homme. Mais, en réalité, quel est le statut des droits de l'homme, tels qu'ils ont été proclamés ?

III) EDMUND BURKE UN CRITIQUE DES DROITS DE L'HOMME

La Révolution française s'était posée dès le début comme une immense révolution à l'image de la Révolution Glorieuse des Anglais en 1688. Les Britanniques eux-mêmes n'ont pas tardé à comparer la Révolution française avec la leur. Ils y ont vu une œuvre glorieuse qui prolonge et élève au point cumulant le processus révolutionnaire débuté en Angleterre. Dans ce sens, la Révolution française devait illuminer toute l'Europe ; et le savant équilibre entre les droits naturels et les droits historiques qui régnaient en Angleterre devaient être ébranlés dès que les droits proclamés de l'homme feraient irruption dans le pays. Edmund Burke, député et noble britannique, philosophe et juriste, ont vu loin ce fait. Moins d'un an après la Révolution de 1789, il s'élève contre les droits proclamés. D'abord, c'est la nature de cette révolution qui est attaquée. C'est contre sa prétention à un changement radical, à une table rase du passé que Burke s'insurge. Il préfère le progrès graduel d'un peuple dans l'histoire. Autrement dit, au nom des réformes, il rejette la révolution. Il dit ne pas comprendre la folie des Français à vouloir un changement si radical.

En fait, *« au lieu de redresser les griefs, d'améliorer l'édifice de l'État, ce pour quoi ils avaient été appelés par leur roi, et envoyés par leurs concitoyens : on les a jetés dans une route diamétralement opposée» (Burke, 1790, p. 9).* La nation française s'est ainsi rendue coupable de destruction de sa patrie en voulant anéantir les inégalités sociales, fondement de la stabilité et de l'équilibre de l'État. Cela est une folie, car aucun peuple digne de ce nom ne peut mettre le souci de sa patrie au second rang.

Même si les Français estimaient que leur pays était mal gouverné, ils auraient dû renvoyer le monarque seul et conserver leur constitution, comme ce fut le cas en Angleterre, mais *« les Français ... ont brisé, anéanti les parties constituantes de l'État et n'ont conservé que l'homme» (Burke, 1790, p. 9).* C'est ainsi qu'ils ont proclamé contre l'État les droits de l'homme.

Ce sont de faux droits consignés dans un code d'anarchie, lance en outre Edmund Burke. Ce que les Français ont proclamé, et l'ont appelé "droits de l'homme", est à la fois ridicule, pédantesque et dangereux. En réalité, dans son œuvre *Réflexion sur la révolution française*, parue en 1790, Burke a considéré que les droits des Anglais ont plus de réalité que les droits de l'homme. En fait, se rapportant à un être humain qui n'existe nulle part, les droits de l'homme apparaissent aux yeux de Burke comme une illusion dangereuse, car aucun droit ne saurait s'appliquer à un homme sans considération de son statut politique. Les révolutionnaires français ont conçu les hommes comme des êtres naturellement égaux et parfaitement identiques. Cela traduit la volonté des promoteurs de ces droits de rendre tous les hommes uniformes. Or, chaque pays ou chaque peuple a une culture qui lui est propre et qui empêche la réalisation de cette uniformisation des hommes.

Ainsi, selon Burke, la protection des droits de l'homme indépendamment de l'État, c'est-à-dire la protection d'un être humain n'appartenant à aucun ordre politique, n'est convenablement pas possible. Hannah Arendt adhère en grande partie à cette critique burkéenne, car, l'uniformisation des hommes en les posant en une abstraction pure, fait accroître sa vulnérabilité. Lorsque tous les hommes sont devenus uniques et identiques, nous n'avons plus des hommes, mais des masses c'est-à-dire des agrégats isolés. C'est pourquoi, elle pose que les droits de l'homme constituent une porte ouverte au totalitarisme où les hommes sont réduits à leur humanité par la destruction de toutes les différences naturelles. Mais Arendt prend ses distances vis-à-vis de Burke parce que la critique de celui-ci conduit au racisme et il conçoit la révolution comme une restauration et non une institution de la liberté. Si l'on veut regarder à l'histoire des peuples, certains ne pourront toujours pas être protégés.

IV) KARL MARX ET L'ARTIFICIALITÉ DES DROITS DE L'HOMME

Comment, à partir de Marx, penser la réalité des Droits de l'Homme dans un monde marqué par l'artificialité et l'abstraction ? Les Droits de l'Homme sont un ensemble normatif qui donne à tout être humain des droits universels et inaliénables, malgré les différences religieuse, raciale, ethnique ou nationale. Ces droits sont reconnus aux hommes au-delà des droits positifs des différents États. Cela veut dire qu'ils ne sont pas contingents et relatifs aux circonstances et aux contextes. De manière fondamentale, ils sont une garantie contre l'exercice arbitraire du pouvoir. Ils sont la réaffirmation forte de l'égalité et de la liberté sans lesquelles on ne peut construire une société démocratique.

S'il est important de souligner leur valeur déclarative qui institue leur objet, il n'en demeure pas moins qu'il faille prendre en considération la critique marxienne de ces droits qui fait apparaître la possibilité de leur caractère idéologique et leur manipulation dans les États. Cette attitude est le fait que, ce qui les menace est leur exil dans le ciel, alors que les vrais droits s'inscrivent toujours dans le difficile travail de la réalité. Mais de manière fondamentale, ils sont une garantie contre l'exercice arbitraire du pouvoir. Ils ne sont pas seulement perçus comme une déclaration performative, mais mettent en jeu les problèmes fondamentaux de l'expérience démocratique. Ils sont la réaffirmation forte de l'égalité et de la liberté sans lesquelles on ne peut construire une société démocratique. Nous voulons dire avec Marx qu'il n'y a pas de droit octroyé, mais, une lutte pour conquérir les droits et les maintenir. Nous aimerions insister sur la quête de l'émancipation en tant qu'objectif de la lutte des Droits de l'Homme. La reconnaissance d'une application effective, universellement, au-dessus de toute norme due à une proclamation et à une souscription de tous, devrait donner lieu à un déploiement et à une forme ''d'envahissement'', de pénétration totale de nos sociétés par les Droits de l'Homme. « Ainsi les Droits de l'Homme ne sont pas un don de la nature, une dot de l'histoire passée, mais le prix du combat contre la contingence de la naissance et contre les privilèges qui se sont transmis par l'héritage de génération en génération au fil de l'histoire. Ils sont le résultat de la culture et seul peut les posséder celui qui les a conquis et mérités (Marx, 2006, p.52) ». Les Droits de l'Homme peuvent être considérés d'un double point de vue comme une idéologie de légitimation de l'ordre dominant qui empêche les forces contestatrices de l'histoire de poser la réalité de la lutte pour les droits. Cette obstruction concerne non seulement l'homme de la société civile bourgeoise, mais aussi les exclut du droit, les femmes, les noirs, etc. À l'inverse, ces mêmes droits peuvent servir d'arme pour la libération des individus et des peuples. Notre thèse est de dire que la force de l'argumentation de Karl Marx, est d'aller au-delà des droits politiques, aussi nécessaires soient-ils pour en saisir la logique réelle qui se trame dans les luttes pour l'émancipation. Cela est d'autant plus vrai que, ce qui n'était pas considéré comme les droits de l'homme le sont devenus progressivement, quelques fois contre les perspectives adoptées parlent constituant. Aussi leur mise en œuvre ne va-t-elle pas sans rappeler ce qu'ils ont de révolutionnaire, depuis le Siècle des Lumières, à savoir le fait d'être des droits sacrés et inaliénables.

IV.1) Les Droits de l'Homme : une force de changement ?

À partir 1776, les Droits de l'Homme ont émergé dans le monde pour se voir renforcés à partir de la suppression des droits féodaux contenus dans les décrets des 4 et 11 août 1789 votés par l'Assemblée nationale constituante. La Déclaration des Droits de l'Homme fait un brassage d'ordonnances relatives à la Nation et à l'individu.

La résistance à l'oppression, le droit à la propriété, à la liberté, à la sûreté viennent à l'homme sous forme de droits ''naturels et imprescriptibles''. À cela, il faut ajouter l'égalité devant la loi et la justice, sans oublier la garantie au principe de la séparation des pouvoirs. Le 05 octobre 1789, sous la pression du peuple réuni à Versailles Louis XVI va ratifier ce texte qui devient le préambule de la première Constitution de la Révolution française qui sera adoptée en 1791. En 1793 et en 1795, deux autres déclarations vont être élaborées en supprimant certains principes du texte original.

Un an après la proclamation des Droits de l'Homme, Edmund Burke dénonce la Révolution française et affirme que ces droits ne sont pas réels et qu'ils sont de l'ordre de l'abstraction. Voulant dire par là que l'homme n'existe qu'en tant que Français, Anglais… Pour sa part, Jeremy Bentham manifeste une opposition effective aux Droits de l'Homme tels qu'exprimés, car, ils sont la manifestation d'une perspective utilitariste. À leur suite, Marx développe son opposition aux Droits de l'Homme sans pour autant les supprimer.

Le caractère religieux de ces droits est le premier point de la critique. Au fond, il y a une très grande valorisation de la liberté religieuse comme si la religion elle-même n'avait pas obscurci l'avenir de l'homme en tant que source possible d'aliénation. Au nombre de ces droits « se trouvent la liberté de conscience, le droit d'exercer le culte de son choix. Le privilège de la foi est expressément reconnu comme un droit de l'homme ou comme conséquence d'un droit de l'homme, la liberté (Marx, 2006, p.53)». Fondamentalement, les Droits de l'Homme appartiennent au ciel des valeurs comme si, à l'image de la création de l'univers biblique, ils servaient à la naissance du nouvel homme. Ensuite, il faut noter avec soin la dénonciation de cette position de la religion qui a pour but de montrer le concept ambigu de liberté qui en dérive. «*L'incompatibilité de la religion et des droits de l'homme est si peu présente dans le concept de droits de l'homme que le droit d'être religieux, d'être religieux à sa guise, de pratiquer le culte de sa religion particulière figure au contraire expressément parmi les droits de l'homme. Le privilège de la foi est un droit de l'homme universel (Marx, 2006, p. 54)*». Il s'en suit un questionnement sur la valeur réelle de cette liberté ainsi affirmée. Marx met en cause les insuffisances de la conception politique des Droits de l'Homme qui creusent la scission entre l'homme et le citoyen, entre l'homme et l'homme réel. Le droit de propriété, l'égalité, la sûreté sont passés au crible de la critique pour dénoncer la manière dont ils servent à fonder l'ordre politique sans garantir l'émancipation.

Il convient ici de relever que la religion dans son déploiement se présente comme ce qui dépossède l'homme de ses capacités. Les Droits de l'Homme donc, s'appuyant sur la religion font fausse route puisqu'elle n'en est pas le fondement comme l'on veut nous le faire croire. À y voir de près, *« les principes sociaux du christianisme prêchent la nécessité d'une classe dominante et d'une classe dominée, et pour cette dernière, ils se contentent d'exprimer pieusement le vœu que la première soit charitable. Les principes sociaux du christianisme transposent dans le ciel la compensation* (…) *de toutes les infamies et justifient ainsi la perpétuation de ces infamies sur la terre.* (…) *Les principes sociaux du christianisme prêchent la lâcheté, le mépris de soi, l'abaissement, la soumission, l'humilité, bref toutes les qualités de la canaille (Calvez, 1956, p.41.)»* Il est clair que la religion présente un monde parfait à l'homme et lui recommande une passivité, car ''tout est accompli''. Mieux, ce que nous développe la religion ne peut logiquement pas nous permettre de dire qu'elle est le fondement des droits de l'homme puisque, « *la théorie des récompenses et des châtiments, sous son aspect terrestre, est la panacée de la société bourgeoise, divisée en classes, qui a besoin de donner une justification juridique du traitement qu'elle inflige à ceux qu'elle opprime.* Cependant, *cette théorie pénale ne suffisant pas, et ne suffisant pas en particulier aux prolétaires punis, on leur offre en guise de compensation l'espérance d'une justice plus totale dans l'au-delà (Calvez, 1956, p. 41.*

L'homme, de ce fait, se trouve ici dans une forme de misère religieuse de laquelle il doit se libérer pour aller conquérir ses droits qui du reste ne lui sont pas octroyés. La religion ne permet pas d'engendrer les droits de l'homme, elle ne libère pas l'homme des contraintes sociétales, mais lui donne la liberté religieuse face aux autorités « car, il n'y a point d'autorité qui ne vienne de Dieu, et les autorités qui existent ont été instituées par Dieu, que toute personne soit soumise aux autorités (Bible, Rom13 :1)». Marx sur ce point peut dire que « l'homme n'a pas été libéré de la religion, il a obtenu la liberté religieuse (Marx, 2006, p.62)».

Analyser la Déclaration universelle des droits de l'homme, c'est faire exister ce dont elle parle. En cela, un constat et non des moindres, révèle que les droits de l'homme sont un pur produit ''religieux'' : ils viennent du ciel. Symboliquement, cela ressemble à Moïse qui descendant du mont Sinaï avec les Tables de la loi est précédé par un fracas indescriptible, une force inouïe à qui tout doit se soumettre. Les droits de l'homme viennent d'une violence tant du point de vue religieux avec Moïse, que du point de vue politique avec la Révolution française.

Ce qui est vrai, c'est que la Déclaration universelle des droits de l'homme n'est pas le fait d'un consensus de tous les peuples. Elle n'émane pas de toutes les sociétés qu'elle est censée organiser. Ces lois viennent de quelques pays vers les autres. Tout comme les dix commandements, lois de Dieu venant du ciel sur la terre, la Déclaration universelle des droits de l'homme vient de l'extérieur pour la quasi-totalité des pays qui l'appliquent. L'immanence dont elle jouit lui pose des difficultés quant à l'atteinte de ses objectifs. Il revient ainsi que les droits de l'homme sont un pur produit idéologique. En cela, l'application des Droits de l'homme rencontre des difficultés, car leur universalité relève de l'adoption ou de la contrainte et non de leur naissance. Étant une création non universelle, ces droits existent, mais sont inadaptés, du coup ils reculent dès qu'ils sont confrontés à la réalité. Ceci est évident, car, pour qu'ils soient applicables et opérationnels, il eut fallu prendre en compte les potentialités des autres cultures de telle sorte à les mettre en convergence avec les droits de l'homme version occidentale, comme le pense Amartya Senn dans ''La démocratie des autres. Pourquoi la liberté n'est pas une invention de l'Occident''. Au total, ce qu'il faut retenir c'est que la religion dépossède l'homme de ses capacités, elle n'est donc pas le fondement des droits de l'homme ; les droits de l'homme doivent s'adapter par la médiation.

En outre, les droits de l'homme au lieu d'être des droits dialogiques qui garantissent les relations, les rapports, garantissent l'égoïsme qui devient le fondement de la société. Cela veut dire que, les droits de l'homme affirment des valeurs essentielles, mais ne leur donnent pas un contenu. En réalité, les droits existent, mais n'intéressent que ceux qui viennent de prendre le pouvoir : la bourgeoisie, car, ''l'homme comme bourgeois est pris pour l'homme proprement dit, l'homme vrai''.

L'affirmation bourgeoise de ces droits exprime quelque chose en théorie et curieusement en pratique expose l'application d'une autre chose. À peine a-t-on affirmé la liberté qu'on lui oppose son contraire. Pour ainsi dire Marx prend l'exemple de la liberté de la presse, réaffirmée par les constituants et qui se trouve en même temps nier par des mécanismes de contrôle dans la presse sous le prétexte de défendre les libertés publiques. C'est ici une bonne occasion de faire taire le peuple. « Tandis que la « liberté indéfinie de la presse » (Constitution de 1793, article122) est garantie comme découlant du droit de l'homme, de la liberté individuelle, la liberté de la presse est complètement anéantie, car « la liberté de la presse ne doit pas être permise lorsqu'elle compromet la liberté publique », c'est-à-dire que le droit de l'homme à la liberté cesse d'être un droit dès lors qu'il entre en conflit avec la vie politique, tandis qu'en théorie la vie politique n'est que la garantie des droits de l'homme, des droits de l'homme individuel, et doit donc être abrogée dès qu'elle contredit son but, ces droits de l'homme (Marx, 2006, p.59)». De ce point de vue, les droits de l'homme dit Marx se prêtent à des manipulations. Il faut ajouter à cela que les droits de l'homme ne sont pas assez concrets. Ils s'appliquent ou ne s'appliquent pas selon les circonstances, selon le moment, selon l'individu qui les réclame et se les veut appliquer, selon l'intérêt du constituant, selon la forme politique qui existe.

« Les droits de l'homme sont donc distincts en tant que tels des droits du citoyen. Quel est cet homme distinct du citoyen ? Personne d'autre que le membre de la société civile. Pourquoi le membre de la société civile est-il désigné du nom d'« homme », d'homme tout court, pour quoi ses droits sont-ils désignés du nom, comme on les appelle, de « droits de l'homme ? (Marx, 2006, p.55)». En réponse à cette forme d'interrogation Marx dit que « les droits de l'homme distingués des droits du citoyen, ne sont rien d'autre que les droits du membre de la société civile, c'est-à-dire de l'homme égoïste, de l'homme séparé de l'homme et de la chose publique (Marx, 2006, p. 55)».

Le point de départ des droits de l'homme c'est une scission, une division entre l'homme et le citoyen. L'homme tel qu'il existe s'appréhende à la fois comme citoyen et comme homme simple. Que signifie être citoyen à partir de la Déclaration universelle des droits de l'homme? Être citoyen, cela veut dire que, les droits de l'homme qui sont la base de la société bourgeoise sont reconnus à l'homme. Être citoyen, avoir la citoyenneté, c'est être détenteur des droits que viennent d'affirmer la Révolution française à savoir, la liberté, l'égalité, la sûreté, le droit à la propriété…tout un ensemble de droits me sont reconnus en tant que citoyen. On émancipe les individus des ordres dans lesquels ils vivaient. Il y a même une forme d'émancipation politique. Cette émancipation tire sa source de la loi Le Chapelier de 1791 qui abolit les corporations. Il y a donc ici la naissance d'une nouvelle société qui n'existait pas avant 1769. Ainsi, le contrat qui lie l'ouvrier au patron devient un contrat individuel et non de groupe ; il abolit les privilèges également.

Pour Marx, il y a une émancipation certes, une autonomisation de la politique qui prend ses distances vis-à-vis du social. Mais, il faut, pense Marx, que le caractère organique qu'avait la société féodale ne soit pas inscrit dans la nouvelle société. Cette autonomisation de la politique pense Marx, est le prodrome de la fin de la communauté. Chaque personne retournant dans son altérité individuelle pose l'acte concret de ne plus établir une communauté effective. La constitution de l'État issu de la Révolution française vient donc à Marx sous la forme d'une dégénérescence de la communauté. Dès cet instant, la société se trouve dans une illusion politique.

Qu'on ne s'étonne donc pas que le point de départ de Marx soit le constat qu'il fait de la lecture de Feuerbach qui dit qu'entre le ciel et la terre, il y a une grande différence. De façon générale, poursuit-il, les hommes préfèrent mettre ce qui peut être bien pour eux dans le ciel et se contenter de ce qui est moins bien. L'exemple de tout ce qui tourne autour de la religion en est la manifestation. C'est donc de ce monde imaginaire à distance de ce qui se passe réellement pour l'humain et avec le bourgeois comme acteur que tout part.

En effet, ce qui est affirmé par la Déclaration des droits de l'homme et qui sous-tend ou qui manipule l'exercice de ces droits, c'est le fait que, ce soient des droits qui ne soient reconnus qu'aux bourgeois. Cependant, à l'homme qui est dans la vie réelle, qui rencontre des injustices et qui a besoin d'expérimenter et de se voir appliquer ces droits, tout ceci n'est que de la pure fantasmagorie. Dès cet instant, ces droits font émerger un homme scindé entre ce qu'on dit, ce qu'on imagine, ce qu'on voudrait et ce qui est.

Il est clair que, pour Marx les droits de l'homme échappent au principe dit d'universalité pour ne s'appliquer seulement qu'à la nouvelle classe, la bourgeoisie. Comment les bourgeois définissent-ils l'homme ? L'homme bourgeois est cet individu égoïste pour qui priment ses intérêts avant l'existence même de son semblable. Cet homme qui n'est pas le citoyen n'est personne d'autre que le membre de la société bourgeoise. Autrement dit, « les droits de l'homme, droits du membre de la société bourgeoise, ne sont rien d'autre que ceux de l'homme égoïste, de l'homme séparé de l'homme de la collectivité (Lefort, 1981, p.52) ».

Le bourgeois donc se présente sous la vision du détenteur, du garant et du gestionnaire des droits de l'homme. Pour lui, la liberté donne droit à faire tout ce qui ne nuit pas à autrui. Tant qu'il n'y a pas de plainte, il n'y aura pas de droit défini, encore moins d'interdiction. De cette liberté, Marx dit qu'elle est négative, puisque nous avons affaire à quelqu'un qui a droit à tout tant que ça ne nuit pas. Les droits de l'homme sont une théorie égoïste et formaliste. La liberté est donc formelle; ce qui permet à Lefort d'affirmer : «notre propos tendait qu'à mettre en évidence la dimension symbolique des droits de l'homme (Lefort, 1981 :68)». Le tableau que dresse Marx des Droits de l'Homme n'est pas reluisant. Mais comment aller à une application franche de ces droits à partir de cette présentation ?

IV. 2) La difficile application des Droits de l'Homme

Quand on considère les Droits de l'Homme, le fait d'affirmer ou de simplement dire qu'il y a une liberté de conscience, une liberté de réunion, une liberté de communication, une liberté d'association, une liberté de pensée nous amène à des choses ou activités réelles ; et ces libertés ne sont pas imaginaires. S'il est vrai que la légalité par exemple n'est pas réalisée dans le monde actuel, on ne peut pas autant affirmer que l'énonciation de toutes ces libertés est irréelle, imaginaire. On ne peut pas nier toutes ces libertés. Elles sont de vraies libertés impulsées par les Droits de l'Homme.

Sur ce point, l'analyse marxienne des Droits de l'Homme recouvre une certaine légitimité historique. S'il est vrai que l'État libéral a utilisé les Droits de l'Homme pour l'intérêt de la bourgeoisie industrielle, il est aussi vrai que ces droits sont réels et importants. Claude Lefort peut dire qu'il ne faut pas jeter le bébé avec l'eau du bain. Ainsi, en faisant une analyse de certains droits contenus dans la Déclaration Universelle des Droits de l'Homme relativement à l'appréciation de Marx, le constat de

Claude Lefort est que, nous avons un progrès certain et des choses bonnes. Pour ainsi dire, le droit de résistance à l'oppression et à l'arbitraire du pouvoir est une avancée notable et met une forme de garde-fou au pouvoir tout en donnant la possibilité à l'homme de réagir.

Concernant la liberté qui est limitée à l'action d'un individu, Lefort déclare qu'au-delà du fait que la déclaration soit une limitation des libertés, elle défend en réalité les droits de l'homme et donne aussi une assurance. Il y a à l'article 11 la garantie de la forme d'une justice libre et indépendante du pouvoir. Cet article stipule que « toute personne accusée d'un acte délictueux est présumée innocente jusqu'à ce que sa culpabilité ait été légalement établie au cours d'un procès public ou toutes les garanties nécessaires à sa défense lui ont été assurées. (Déclaration universelle des droits de l'Homme, article 11».

Il pense que le principe de l'autonomie du savoir vis-à-vis du pouvoir s'acquiert à travers la Déclaration des Droits de l'Homme. Il peut donc affirmer que « c'est de l'indépendance de la pensée, de l'opinion, au regard du pouvoir, c'est du clivage entre pouvoir et savoir qu'il s'agit dans l'affirmation des Droits de l'Homme, et non pas seulement, non pas essentiellement de la scission du bourgeois et du citoyen, de la propriété privée et de la politique (Lefort, 1981, p. 59)». Ceci est annoncé dans l'article 19 qui proclame la liberté d'opinion, donnent le droit de la mise en place d'un espace public et de transmettre ses pensées. Ainsi, l'homme peut avoir le droit de s'exprimer publiquement et librement sur tous les sujets et participer aux différents débats. L'espace publique tel que présenté par les articles 19 et 20 n'est la réserve exclusive de personne ; il jouit d'une indépendance que lui accorde le pouvoir politique, qui d'ailleurs en est le garant. Mais le paradoxe des Droits de l'Homme, c'est que, l'État qui accorde ces droits et qui en est le garant est à la fois et pleinement le plus grand et le principal violeur.

Au total, Claude Lefort voit en Marx une confusion entre trois moments : l'interprétation bourgeoise de la loi et l'instance de la loi elle-même ; et le droit qui permet à la loi d'offrir des assurances certaines. Il s'agit en ce moment de soustraire l'homme à l'arbitraire du pouvoir d'Etat et des violations concrètes, effectives et quotidiennes des Droits de l'Homme. Les Droits de l'Homme inscrivent une nouvelle relation entre politique et droit que Lefort nomme la « Désintrication du pouvoir et du droit (Lefort, 1981, p.64)».

La position marxienne a empêché selon Lefort pendant tout le temps de critiquer l'émergence progressive du totalitarisme. Pourquoi cela ? Parce que, à force de dénier, de fragiliser le droit, la politique a fini par prendre le dessus et à avaler le citoyen. Il y a ici une tendance au discrédit du droit par le marxisme. Ceci n'est pas juste, car, à force de vouloir coûte que coûte réaliser les choses en concret, Marx ne voit même pas que, le symbole du droit, a sa place. Obnubilé par la lettre des Droits de l'Homme, Marx n'a pas vu leur dimension symbolique, qui consiste à ''désincorporer'' le droit. Les Droits de l'Homme affirment en même temps d'un côté la nécessité du droit et de l'autre la nécessite de sa remise en question par les hommes concrets vivant dans telle ou telle société. Lefort estime qu'à partir du moment où les Droits de l'Homme sont posés comme ultime référence, le droit établi est voué au questionnement. Car, ce qui parait exogène à la vie des hommes est ce qui aide les hommes à vivre libres. Claude Lefort comme nous le constatons attaque Marx point par point et donne des arguments forts. Avec lui, nous sommes dans une nouvelle société qui est née des exigences nouvelles qui mettent en avant la liberté. Pour cela, il suffit de comparer ce qui émerge aux

XVIe et XVIIe siècles. Cette manière d'empêcher la liberté a été le début de toutes les guerres (guerres de religions, guerres de succession ...).

Ces deux mondes qui s'opposent montrent bien que la pierre angulaire de la démocratie est la liberté selon Spinoza. Poursuivons avec Claude Lefort qui, dans sa logique montre effectivement que la liberté est le socle des droits de l'homme puisque, c'est par elle en tant que levier, élément boostant et de base que la révolution peut libérer l'homme. Ce sont les mouvements de masse constitués par la société civile, les syndicats, les groupes de pression, les ONG, les religieux... qui par le droit d'association et de manifestation sont descendus dans les rues pour demander la fin de la société communiste.

Si nous ne devons pas régresser en deçà de ce que le marxisme a trouvé, on ne peut pour autant ne pas affirmer que les droits énumérés, s'ils sont réels, soient effectifs quant à leur application.

IV.3) Marx et la question de la mise en œuvre des Droits de l'Homme

De façon progressive et dans la configuration de l'approche du conflit en tant que moteur de changement dans la société, les Droits de l'Homme ont constitué la marche sûre à partir de laquelle les hommes ont réagi pour retrouver leur liberté comme ce fut le cas en URSS sous Staline et en Afrique pendant les années 80. Ainsi, malgré les critiques qu'on peut porter à Marx, il est évident que les droits de l'homme rencontrent un problème : celui de leur mise en mouvement, de leur mise en exercice de sorte que, ce ne soit pas seulement celui qui est riche qui puisse en bénéficier de façon exclusive. Il y a donc à reconsidérer la critique de Marx. Les Droits de l'Homme quelque part se dévoilent comme une fiction dans le sens où, si je n'ai pas d'éducation, même si on m'accorde l'égalité et tous les droits qu'on veut, cela ne résout pas le problème. Il y a donc en face tout un ensemble de droits classés en trois générations, dont les droits-créances qui font qu'on est obligé encore de tenir ferme la vision marxiste des Droits de l'Homme.

En nous référant aux réalités sociales et politiques au regard de ce que dit Marx, au regard des droits reconnus à nous par nos États en Afrique ; au regard des droits que nous reconnaissent la communauté internationale, les pays développés et les puissances industrielles, la matérialité ou la concrétude des Droits de l'Homme semble poser problème. Comme Marx nous sommes inquiets. Si Claude Lefort dit que « l'illusion n'est pas dans la société où la précipite Marx, elle est dans son propre esprit et le condamne à une reconstruction imaginaire de la formation de l'État moderne (Lefort, 1981, P. 63)», il n'a pas tenu compte des réalités des pays Africains, des pays du tiers monde. L'illusion de l'application et de l'universalité de droits de l'homme ne séjourne pas à notre sens dans l'esprit de Marx, mais bien plus dans celui de Claude Lefort à qui échappe les réalités tiers-mondistes, et celles de l'Afrique. Si les Droits de l'Homme, de première et deuxième générations sont des droits réels et sans équivoque ; s'ils sont des droits universellement reconnus à tout être humain, c'est quand nous arrivons sur le terrain de leur application, de leur mise en œuvre que se pose le problème.

Notre problème n'est certes pas en ce moment de voir comment penser l'universalité des Droits de l'Homme dans un monde marqué par la diversité des régimes politiques encrés dans des considérations tribales, ethniques, culturelles… Mais, ce qui nous pose problème et que Marx a perçu depuis longtemps, c'est la non-application des droits de l'homme qui à partir des poids de l'idéologie politique, de l'économie et même de la religion se laissent manipuler et se dénaturent. Les Droits de l'Homme perdent leur fondement et sont désormais aliénés.

S'il est vrai que ces formes diluées des Droits de l'Homme ont cours dans l'idée, si cela se passe bien sur le terrain intellectuel, dans la concrêtude, les dérives nous attristent encore plus. Les atteintes aux Droits de l'Homme sont devenues monnaie courante de sorte que le respect de ces droits relève de l'ordre de la fantasmagorie. Pour ainsi dire, la réalité sur le terrain concernant les droits de l'homme est en déphasage avec l'esprit, la lettre et les beaux discours qui sont tenus depuis la déclaration de 1789. La réalité est que, en situation de crise, les droits de certaines personnes paraissent plus essentiels et plus importants que ceux d'autres personnes. Cela pose deux problèmes : le premier est que tous les hommes n'ont pas les mêmes droits. Le deuxième problème est que le droit à la vie est dénié à certaines personnes. Il y a même, la non-assistance à personnes en danger. Du coup, les droits de l'homme se présentent sous la forme d'un mirage pour certains hommes. En effet, la récurrence des atteintes gravissimes aux Droits de l'Homme conforte cette position de Marx. Depuis le Rwanda, la Sierra Leone, en passant par le Libéria, l'Afrique du Sud, la Côte d'Ivoire pour s'arrêter en Guinée, pour ne citer que ces zones de conflits, la cible à atteindre c'est les Droits de l'Homme. Dans ces périodes, la vie perd tout son sens. Les organisations de défense des Droits de l'Homme sont impuissantes, dépassées et inefficaces. Ici les Droits de l'Homme se manifestent sous la forme d'une fiction. Jeremy Bentham dans Anarchical Fallacies s'oppose à la Déclaration des droits de l'homme issue de la Révolution. Il estime que les droits sont l'œuvre de la loi et la loi est l'ordre du souverain. Dès cet instant, il rejoint Marx qui dénonce les droits formels qui se présentent sous la forme de droits exclusivement conçus pour quelques personnes. Partant de ce fait, il est fondé à dire que les Droits de l'Homme sont la domination politique de la classe bourgeoise dans l'économie capitaliste. Ici encore, ceux qui seront bénéficiaires de ces droits ne sont que ceux qui disposent des moyens de leur mise en œuvre : Il ne peut s'agir que des riches, les bourgeois. Paul Lafargue appuie Marx pour dire que les Droits de l'Homme sont un ensemble de préceptes bourgeois qui sont nés pour la défense des droits de l'exploitation capitaliste.

C'est avec Amnesty International que nous allons conforter notre position. Le rapport 2006 montre que, l'Afrique une fois de plus et comme à son habitude a monopolisé les attentions de l'Organisation. Les Droits de l'Homme ne sont ni appliqués ni respectés. Ils y sont réels quant à leur déclaration, leur existence, mais sont une illusion lorsque nous arrivons sur le champ de leur mise en œuvre, de leur application. « De graves atteintes aux droits humains y compris, des meurtres, des viols et d'autres formes de sévices sexuels (Amnesty , 2006)» ont été perpétrés dans des pays en conflits que sont le Rwanda, le Burundi, la Côte d'Ivoire, la RDC, le Soudan, le Tchad. De même, des personnes réfugiées et des personnes déplacées risquent « en outre de subir de graves atteintes de leurs droits fondamentaux (Amnesty, 2006)». Amnesty souligne également que « des millions d'hommes, de femmes et d'enfants vivent dans le dénuement et sont privés d'eau saine, d'un logement décent, de nourriture, d'éducation ou de soins de santé de base. La situation était aggravée par une corruption endémique et par l'incurie manifeste des pouvoirs publics, peu soucieux de garantir à leurs citoyens la jouissance des droits économiques et sociaux les plus élémentaires (Amnesty, 2006)».

Loin d'être hors de la réalité, Marx se présente comme un prophète. Car si la Déclaration Universelle des Droits de l'Homme par sa promulgation est génératrice de la démocratie, comme le dit Lefort, « la conscience du droit et son institutionnalisation entretiennent un rapport ambigu (Lefort, 1981, p.69)». Ainsi notre propos est de mettre en évidence la position historique, mais aussi actuelle de Marx. Les Droits de l'Homme sont une réalité symbolique, mais leur mise en œuvre en Afrique et dans les autres pays pauvres tout comme pour les pauvres est une illusion. Ainsi, les traités ''internationaux'' qui régissent la gestion des déchets toxiques s'ils sont appliqués de façon rigoureuse pour et dans les pays développés, ils sont ignorés et bousculés de façon permanente en Afrique. C'est pourquoi un navire qui devrait faire traiter les déchets toxiques qu'il transporte dans des usines spécialisées et conçues exclusivement pour cela peut quitter le port d'Amsterdam en Hollande pour venir déverser cette substance dans la ville d'Abidjan en Côte d'Ivoire. Si les droits de l'homme et même les droits tout court sont universellement reconnus pour tous, un navire qui a déclaré son contenu dangereux pour l'homme au port d'Amsterdam, ne peut quitter ce lieu pour une destination qu'il annonce au préalable tout en sachant qu'en ce lieu, il n'y a pas de possibilité de traitement de ce contenu. Les autorités de la Hollande devraient se saisir de ce droit qui leur permet d'instituer un Tribunal Pénal International à La Haye, dans le même pays, pour juger ''tous les hommes'', pour empêcher ce navire d'aller déverser son contenu qui donne la mort à des Hommes. Pourquoi ne pas déverser ce contenu si bon en Hollande? Le Tribunal Pénal y est, les Hollandais ont des droits qu'il faut respecter et la Hollande tout comme plusieurs autres États développés sont le bourgeois quand l'Afrique et les pays du tiers monde arborent la tenue du prolétaire. Au demeurant, il revient aux Ivoiriens d'aller à la conquête de leurs droits en refusant sur leur territoire tout ce qui va à l'encontre des droits de l'homme, car, comme nous le disions au départ, ces droits ne sont pas un don, mais une acquisition, une conquête, une lutte perpétuelle.

Tout le monde se réclame aujourd'hui des Droits de l'Homme qui passent pour être la norme politique discriminante entre les libéraux et les autres, les civilisés et les sauvages, au point d'apparaître relever d'un déploiement envahissant qui n'emporte l'adhésion qu'au niveau formel, sans vraiment changer les pratiques. En retournant à Marx pour soutenir avec lui que les Droits de l'Homme ne sont pas un don de la nature, nous avons résolument choisi la voie de l'action qui a à prolonger les belles idées de la Révolution française. Même si la tâche de ceux sur qui compter pour donner de la visibilité aux Droits de l'Homme, notamment les acteurs de la société civile redécouverte par Habermas, est de plus en plus compliquée par l'ouverture du monde à de nouveaux droits (des droits culturels et environnementaux pour les nommer), l'horizon dégagé par Marx contre la mascarade bourgeoise, est celui de la victoire de la réalité sur l'artificialité.

V) APPRÉCIATION ARENDTIENNE DES DROITS DE L'HOMME

V.1) Les fondements de la critique d'Arendt

Le regard critique qu'Hanna Arendt pose sur les Droits de l'Homme, part du référent des activités du totalitarisme. Son point de départ est pour ainsi dire «l'expérience de la négation de l'humanité des individus dans les camps nazis» (Riviello, 1987, p.196). À partir de là, elle « reprend et approfondit la réflexion sur les droits de l'homme déjà entamée à propos de la situation du paria » (Riviello, 1987, p. 196). Dans *La Tradition cachée*, elle aborde la question des peuples acosmiques, il s'agit précisément des Juifs. Outre les riches qui, parmi eux arrivent à bénéficier d'une certaine égalité devant la loi, tout le reste du peuple est exclu de ses/ces droits et l'accepte avec une résignation complice. Malgré leur richesse et pour échapper à ce statut de paria pour ne plus être considéré comme un déchet, les juifs fortunés n'ont pu échapper à ce statut purement politico social, racial d'exclus. Au-delà d'être des exclus sociaux, les juifs accédaient au statut de sans-États. Désormais, ils sont la matière première des ''usines de la mort'' des gouvernements totalitaires.

Sa pensée n'est pas uniquement tournée vers la question juive vis-à-vis du totalitarisme, mais elle prend aussi pour référents les réflexions de deux philosophes : Edmund Burke et Karl Marx. Comme le dit Even Granboulan, elle reprend les critiques formulées par Burke et Marx sur l'abstraction des Droits de l'Homme, mais, va au-delà en les amplifiant. Elle cherche l'activation de ces droits en les confrontant aux réalités totalitaristes, mais surtout à voir leur poids pour les réétudier dans ses propres cannons. De son commerce avec Marx, elle voit les difficultés qu'éprouvent les Droits de l'Homme face à la personne isolée qui vivrait sans relation avec ses semblables. Quant à sa cohabitation avec Burke, c'est l'avantage que l'on tire du lien entre les Droits de l'Homme et l'appartenance à une communauté politique déterminée qui happe son attention. Elle montre que, affranchir les Droits de l'Homme de la clause politique de la personne humaine est une hérésie puisque ce dernier vit dans une communauté politique bien déterminée. Comme suivant en cela Edmund Burke, Hannah Arendt, ne croit plus en la pénétration effective des droits fondamentaux non arrimés à la politique. Cette posture inoffensive des Droits de l'Homme est décrite par l'impérialisme :

« *les survivants des camps de l'extermination, pensionnaires des camps de concentration de l'internement, et même les relativement heureux apatrides n'ont pas eu besoin des arguments d'un Burke pour voir que l'abstraite nudité de celui qui n'est rien qu'un homme constituerait pour eux le pire des dangers». (Arendt, 1982, p-p. 287-288).*

Annah Arendt épouse la critique burkéenne de l'abstraction des Droits de l'Homme. Mais au-delà, elle montre que le risque de cette vision chimérique s'est traduit dans la matérialité quasi quotidienne de la pauvreté des individus sans-État dans les camps de concentration.

Elle comprend aisément que les Droits de l'Homme, droits naturels, ne permettent pas de changer la condition de l'homme et ne promeuvent pas non plus une quelconque amélioration de la civilisation humaine. Ce qui fonde cette réflexion d'Annah Arendt, c'est le fait que même aux animaux sauvages sont reconnus ces fameux droits naturels. N'empêche que leur situation n'a pas changé et qu'ils sont toujours utilisés pour les expérimentations, qu'ils soient une alimentation pour l'Homme quand ce n'est pas le braconnage pour l'argent, ou encore que la déforestation les menace. Certainement que l'on nous opposera la lutte contre le braconnage, mais elle n'institut pas un droit naturel pour les animaux, au contraire elle cherche à règlementer la chasse, à rationaliser la pêche et à rendre ces activités moins barbares afin de préserver les réserves pour les générations futures.

V.2) Hannah Arendt, une critique originelle des droits de l'homme

Hannah Arendt qui ne construit pas sa théorie de critique des Droits de l'Homme ex-nihilo n'entend pas être un commentaire de ces prédécesseurs. Elle prend ses distances vis-à-vis du conservateur anglais. Elle apprécie la perception pragmatique de Burke *« qui n'est peut-être pas, selon les mots de Ponton, inapproprié quand des droits importants sont en jeu» (Ponton, 1990, P .155).* Lionel Ponton veut traduire qu'Arendt concède à Burke sa vision traditionnaliste et historique du droit, mais cela ne signifie pas que la philosophe juive adhère à toute la pensée burkéenne. Il écrit : *«Elle n'approuve pas Burke d'avoir rejeté du revers de la main les notions de loi naturelle, de commandement divin ou d'espèce humaine» (Ponton, 1990, p. 155).* Burke semble se soucier juste des nobles anglais pour oublier l'humanité dans son ensemble. Elle aurait voulu que la vision burkéenne ne se limite pas aux Anglais de peur de faire du droit des Anglais de simples privilèges et non du droit véritable. Au-delà de Burke, elle croit en l'espèce de la race humaine, et à un droit fondamental et universel de l'individu. Seulement, elle n'adhère pas à la conception abstraite des promoteurs des droits de l'homme.

Notre auteur suppose que les droits de l'homme stipulent que les sans-États sont des « sans-droits ». Mais aucun groupe, aucun penseur, aucune institution internationale ne sont parvenus à la compréhension profonde de la situation de ces derniers. Au fond, *« bien que tous semblent penser unanimement que la croix que portent ces gens est précisément la perte des Droits de l'homme, nul ne paraît savoir quels droits ils ont perdus lorsqu'ils ont perdu les droits humains» (Arendt, 1982, p. 595).*C'est comme si Hannah Arendt disait que personne n'avait mieux compris, avant elle, la question des droits de l'homme. Contre les défenseurs bornés et idéalistes qui croient pouvoir résoudre la situation des « sans-droits » par la prolifération de droits, Hannah Arendt elle-même cherche ce qui manque fondamentalement à ces derniers.

Pour ce faire, elle réalise le fait qu'aucune catégorie conceptuelle ni juridique existante ne peut lui permettre de mener son analyse. Au-delà de Nietzsche qui avait posé les crépuscules des idoles et la perte des anciennes valeurs au profit d'un nihilisme, Arendt pose que nous sommes désormais dans une brèche qui nous oblige à penser par nous-mêmes sans référence aux catégories du passé. La philosophe estime en fait que le monde nouveau est dans un abîme qui secrètement s'est ouvert vers la fin du XIXe siècle, pour s'aggraver à partir de la Première Guerre mondiale, puis a atteint son apogée avec les usines de la mort, érigées en plein cœur de l'Europe, en coupant ainsi définitivement le fils déjà rongé par lequel nous pouvions être liés à une entité historique vieille de plus de deux mille ans. Cela fait que l'homme marche désormais selon le mot de Tocqueville dans les ténèbres. En tout état de cause, le passé n'éclaire plus le présent, car il est devenu sombre et la nuit est tombée sur l'avenir. Dans une telle condition, il faut penser sans limites, car notre héritage, selon les mots de René Char, n'est précédé d'aucun testament. C'est pourquoi, la philosophe juive ne veut tel que nous l'avons déjà mentionné se lier à aucun courant, à aucune doctrine, de peur d'endoctriner les autres, ou de se voir endoctrinée elle-même.

Ainsi, elle affirme que *«nous avons affaire ici à quelque chose qu'on ne saurait expliquer en se référant à l'histoire, fut-ce dans les pires périodes» (Arendt, 1989, p.38)*. Le totalitarisme est un phénomène nouveau qui n'a existé à aucun moment de l'histoire de l'humanité. Elle ajoute ceci : *«tout au contraire, le nazisme signifie en fait l'effondrement de toutes les traditions allemandes et européennes, les bonnes comme les mauvaises» (Arendt, 1989, p.38)*.

Elle ne veut avoir pour référence que les faits. Elle avance : *« J'ai toujours pensé qu'on devrait commencer à penser comme si nul n'avait pensé au paravent, et que ce n'est qu'après qu'on devait commencer à apprendre les autres» (Arendt, 1975, p.128).* Au fond, elle voulait stipuler que sa pensée naît des évènements, de la réalité politique entre les hommes, et non des doctrines. Et comme le monde n'est monde que pour le mouvement, alors les choses changent et ne sont pas données a priori. Il faut toujours partir de ce qui est donné, l'existant, le concret. Il revient de prendre la situation dans le temps et dans l'espace. C'est de la situation des sans-États et de l'expérience totalitaire qu'elle pense. Cette situation a montré qu'il est difficile de concevoir l'homme comme une personne isolée dans la nature. Sa critique des droits de l'homme intervient dans un cadre, comme le révèle Saroléa, où les lois de la nature et de la religion ne peuvent plus servir de repère.

Cette conception pose l'homme comme un être nu et vulnérable. Un tel homme a perdu effectivement tout ce qui permettrait de le considérer comme un être humain. Il n'est pas l'homme d'une communauté donné. Il n'a pas un chez-soi dans ce monde. L'homme des droits de l'homme est un homme privé de droit national. N'étant d'aucune communauté politique, aucune ne peut lui garantir des droits nationaux. Le droit international non plus ne peut s'appliquer à lui, car celui-ci n'est destiné qu'à régir les rapports entre les nations. Sans aucune protection concrète, l'individu sans-État devient le symbole de la vulnérabilité. Loin de valoriser l'homme, l'individualisme absolu le déshumanise.

La critique arendtienne des droits de l'homme suscite aujourd'hui une multitude de travaux de tous ordres : livres, articles, conférences, travaux universitaires, textes juridiques… Cet engouement pour l'œuvre d'Hannah Arendt peut s'expliquer essentiellement par deux raisons.

Il est possible de la remarquer lorsqu'elle traite de la difficulté d'appliquer les droits de l'homme à l'égard des Noirs vivant en société sans-État ; des Juifs privés de gouvernement et d'État ; des réfugiés de l'entre-deux-guerres privés de la protection de leur gouvernement ; d'Eichmann, criminel allemand, résidant en Argentine, extradé et jugé par le tribunal de Jérusalem. C'est encore cette difficulté qui apparaît lorsqu'il s'agit d'appliquer les droits de l'homme aux migrants clandestins d'aujourd'hui privés de toute personnalité juridique nationale (ni celle du pays d'origine ni celle du pays d'accueil)12 et rivés sur leur seule personnalité juridique internationale. La situation actuelle des migrants est un fait nouveau et «un excellent laboratoire des droits de l'homme» (Sarolea, 2006, p. 604) qui constitue une raison de plus pour explorer cet aspect de la philosophie arendtienne.

---

[12] - Les migrants actuels ne sont pas « dépourvus de citoyenneté[12] », mais ils sont privés de la protection de leur État. Géneviève EVEN-GRANBOULAN, *Une femme de pensée : Hannah Arendt*, Paris, Anhropos-économica, 1990, p.48. Ils sont dans une position semblable à celle des « apatrides de *facto* ». Indira Goris et al. « Qu'est-ce que l'apatridie et pourquoi est-ce une question importante ? », *Migrations forcées* (Revue du Centre d'études sur les réfugiés / University of Oxford), 2009, n° 32, pp 4 à 6, p.4

Penser le statut de l'individu en droit international et les tragédies politiques des temps nouveaux à partir d'Hannah Arendt est donc l'objet de cette partie. Il s'agit ici d'examiner la place de l'homme en tant que personne et individu dans l'ordre international. Pour cela, il nous faut analyser le cadre théorique dans lequel s'enracine la pensée arendtienne. Cette analyse consistera dans le même temps en une discussion des différentes problématiques notamment celle d'Arendt sur le statut de l'individu en droit international. Il est question en fait pour nous de montrer les insuffisances de ces problématiques antérieures afin d'ouvrir la voie à une nouvelle problématique, indispensable pour déterminer les conditions suffisantes d'application des droits de l'homme.

VI) LE STATUT DES DROITS PROCLAMES PAR LA RÉVOLUTION FRANÇAISE

VI.1) Des droits universalistes ou naturalistes ?

Les droits de l'homme, tels qu'ils avaient été proclamés par la Révolution française devaient être entendus comme des droits naturels. Sur ce fond, ces droits proclamés par les Français n'étaient pas réservés uniquement pour les Français, mais pour tous les hommes. Les révolutionnaires n'avaient rien inventé, ils n'avaient fait que reconnaitre et proclamer solennellement des droits naturels. Il s'agit des droits existant dans la nature de l'homme, en tant qu'être de raison, et des droits sans lesquels la vie humaine n'est pas digne de l'être. C'est en ce sens que Levinas pose que les droits de l'homme existent et que l'on n'avait même pas besoin de les proclamer. Mais, il n'était en fait question pour les révolutionnaires que de rendre plus visible ce qui existait déjà dans la nature de l'homme afin que nul ne l'ignore. Le préambule le dit si bien :

Les représentants du peuple français, constitués en assemblée nationale, considérant que l'ignorance, l'oubli ou le mépris des droits de l'homme sont les seules causes des malheurs publics et de la corruption des gouvernements, ont résolu d'exposer dans une déclaration solennelle, les droits naturels, inaliénables et sacrés de l'homme. [13]»

Il est ainsi clair que la Déclaration s'adresse à tous les hommes, d'où le caractère universaliste des droits énoncés. En réalité, si les éléments de la Déclaration

[13] Préambule de la Déclaration universelle des Droits de l'Homme, 1789.

avaient été posés comme des énonciations vagues, c'est justement parce qu'elle avait pour souci d'être acceptable pour les hommes de toutes cultures et de tous lieux. Elle voulait avoir une portée universaliste, c'est pourquoi elle posa l'homme comme un être abstrait et général. Les grands principes d'humanisme et de morale y ont été annoncés. Cette prétention à l'universalisme n'est pas restée stérile. L'Europe tout entière fait siens les droits proclamés, qui deviennent des références incontournables. Mais, le neutralisme et l'universalisme ne sont pas les seules caractéristiques des droits de l'homme ; ils sont également individuels.

VI.1.1) L'individualisme

Inspirés des philosophies des droits naturels, notamment du libéralisme politique de Locke et de Rousseau, les droits proclamés ne sont essentiellement que des droits individuels. Cet individualisme s'entrevoit à deux niveaux. D'une part, ils sont des droits-libertés, c'est-à-dire des libertés-résistances ou des libertés-autonomies. Ce sont des libertés pour lesquelles l'individu n'a pas besoin de l'État pour s'en saisir et l'exercer, seulement qu'il faut faire en sorte qu'elles ne soient perturbées ni par l'État, ni par les autres hommes. Il s'agit de laisser chaque individu libre dans son espace afin qu'il jouisse de la vie de son choix. Même les libertés de presse, de culte et de réunion, n'ont en rien besoin de l'intervention de l'État seulement qu'il doit les garantir. Le fait de se réunir avec les autres n'est pas contraire aux principes de l'individualisme, car la réunion n'est pas une exigence de l'État, ni même de la vie sociale, mais l'union des volontés individuelles de se fortifier pour défendre la somme des intérêts individuels.

D'autre part, les droits de l'homme ont pour premier souci l'homme, et non l'État. Il s'agit de poser la primauté de l'individu face à l'État. Dans ce cas, c'est à l'État de se conformer aux exigences de l'homme. L'homme n'a plus à se plier devant l'État. Il doit être protégé, quels que soient sa position et son rôle dans l'État, en sa seule qualité d'être humain. En nous référant à l'ancien régime, le régime monarchique, il ressort qu'il a soumis le peuple à de graves souffrances. Fort de cela, et voulant restaurer l'homme, ce dernier mérite d'être protégé. Arendt écrit à ce propos : *« La proclamation des droits humains faite par la Révolution française, au contraire, signifiait très littéralement que chaque homme, du fait même de sa naissance, possédait certains droits» (Arendt, 1972, p.217).* Elle essaie d'opérer une comparaison : elle veut dire qu'au lieu que la France élargisse le domaine d'action du droit déjà existant, elle a proclamé de nouveaux droits directement liés à l'individu, qui n'existent nulle part, et qui ne sont garantis par aucune autorité.

Cet individualisme des droits de l'homme n'est proprement pas humain, car le propre de l'homme n'est pas d'être isolé et séparé des autres, mais de vivre parmi les autres hommes et d'être traités comme eux. Dans ce cas, le droit à l'individualisme, c'est le droit à la « non-humanité », le droit de vivre isolé comme l'homme de l'état de nature, comme un animal. De toutes les façons, il n'est pas possible de parler de droit individuel si ce n'est celui qu'a chacun d'exprimer cette individualité parmi les autres. Pourtant, c'est cette Révolution française qui passe pour la référence mondiale et historique.

VI.1.2) La Révolution française : un triomphe mondial et les droits de l'homme

Arendt postule que la Révolution française n'a consisté qu'à casser l'œuf sans jamais pouvoir préparer d'omelette. Elle s'est terminée dans l'abolition de l'État et du gouvernement de Louis XVI sans réussir à fonder un nouveau corps politique solide. En fait, la misère qui régnait en Europe, notamment en France, n'a pas permis à la Révolution française de poursuivre son but de liberté. Elle l'a détournée de cette liberté pour l'orienter vers la résolution des questions sociales. Les trois maux, selon Arendt, qui furent détournés la Révolution française du noble but d'une révolution authentique qu'est la liberté, sont la pitié, la misère et la souffrance. Autrement dit, la Révolution française avait été incitée par les souffrances du peuple, soumise à la question sociale par la misère et écartée de la raison par la pitié. En portant leur attention sur les questions sociales et économiques, les Français transformèrent les sans-droits en sans-culottes. Ce fut *« la transformation des Droits de l'Homme en droits des sans-culottes » (Arendt, 1972, p.85).* C'est à partir de ce mouvement-là que l'idée de mener une révolution pour régler les questions sociales se prescrivit. Ainsi, toutes les révolutions qui suivirent s'en inspirèrent et se posèrent comme des luttes pour les questions sociales. La vraisemblance de telles idées ne doit pas surprendre puisque la majorité des citoyens de pays vivaient déjà dans la souffrance et dans la misère. Le souci premier et urgent des peuples, ce n'est pas la liberté comme en Amérique, mais plutôt la résolution des questions sociales. La quasi-totalité des peuples vit dans la nécessité avec des besoins de plus en plus énormes, et ne cherche qu'à se défaire de leur pauvreté afin d'être en mesure de répondre à ces besoins vitaux et sociaux : la nourriture, les vêtements, le logement…

Nous faisons face à ce que Arendt considère comme déviation, et qui selon elle ne peut conduire une révolution qu'au désastre. C'est cela qui a conduit la Révolution française à la terreur et à la dépravation de la politique. Désormais la politique et le social deviennent des synonymes. En ouvrant ainsi *« les portes du domaine politique aux pauvres, celui-ci était effectivement devenu "social" » (Arendt, 1972, p. 130).* La politique n'est plus cette activité humaine par excellence où des hommes libérés et ayant l'amour de liberté s'assemblent pour se parler, conçoivent et agissent ensemble. Elle est devenue un domaine pitoyable, nauséabond où les furieux et les pauvres se déchainent pour revendiquer des droits naturels. *« Tout se passe vraiment, écrit Arendt, comme si les forces de la terre étaient alliées dans une conspiration bienveillante à cette révolte qui a pour résultat l'impuissance, pour principe la rage, et pour but la conscience, non pas la liberté, mais la vie et le bonheur» (Arendt, 1972, p.162).* Arendt voudrait signifier que la Révolution française était soumise à une nécessité qui ne lui permettait pas de poser des actions libres, car une action n'est libre que quand elle est libérée de toute motivation. Les Français auraient dû prendre le temps de se libérer de leur pauvreté avant de mener leur révolution. Malgré les insuffisances, pourquoi cette révolution est-elle alors considérée comme la référence historique et mondiale ?

Pour Hannah Arendt, ce sont les hommes de lettres et les philosophes en particulier qui ont fait le succès de la Révolution française. À ce titre, elle écrit : *« Je serais tentée de croire que c'est précisément la grande quantité d'intérêts théoriques et de pensées conceptuelles prodiguées par les penseurs et philosophes de l'Europe entière qui a contribué de façon décisive à son succès mondial, malgré sa fin désastreuse» (Arendt, 1972, p.324).*

Arendt admet ainsi le triomphe des idées de la Révolution française et le fait de l'importance des théories et concepts dans la valorisation des évènements. Tous les évènements pour gagner en grandeur et se poser comme une référence historique ont besoin d'être relatés et conceptualisés. De cet apparent succès mondial, la

Révolution orienta le monde moderne vers la liberté individuelle, c'est-à-dire la liberté indépendante de la communauté politique. Mais, le fait que la Révolution ait eu un écho considérable auprès des philosophes ne signifie pas qu'elle soit philosophiquement irréprochable ; elle a fait l'objet de plusieurs critiques philosophiques, dont celles d'Edmond Burke, de Marx et d'Hannah Arendt.

VII) HANNA ARENDT CONTRE LES DROITS DE L'HOMME ?

Les droits proclamés par la Révolution française furent reçus par les penseurs avec beaucoup de polémiques. Tandis que certains comme Hegel y voient un immense progrès de l'humanité, d'autres trouvent en eux des illusions dangereuses. Les philosophes critiques se sont attaqués largement à la prétention universaliste et égalisatrice des droits de l'homme. Quant aux conservateurs, ils craignent que les acquis des révolutions n'effritent l'équilibre social en Europe, lequel équilibre est traduit par une société hiérarchisée. Pour les socialistes, la philosophie individualiste des droits de l'homme est un facteur de séparation et de domination parmi les hommes. Hannah Arendt ne veut s'associer ni aux socialistes, ni aux conservateurs, ni aux libéraux. Pourtant, pour mieux la comprendre, il faut saisir l'essence de ces différents courants. C'est pourquoi, nous partirons de l'étude de la critique des droits de l'homme menée par les prédécesseurs d'Hannah Arendt (1) avant d'aboutir à la sienne, en étudiant les sources (2) et la portée (3) cette la critique.

VII.1) Les prédécesseurs d'Hannah Arendt

La doctrine libérale ayant déjà fait l'objet d'une première approche dans les pages précédentes, qu'il plaise au lecteur de nous permettre de revenir à Edmund Burke, ce bon conservateur puis nous référer à Karl Marx, le révolutionnaire socialiste avant d'arriver à la radicalité nietzschéenne face aux droits de l'homme.

VII.1.1) Edmund Burke : un opposant aux droits de tous

La Révolution française s'était posée dès le début comme une immense révolution à l'image de la Révolution Glorieuse Anglaise de 1688. Les Britanniques eux-mêmes n'ont pas tardé à comparer la Révolution française d'avec la leur. Ils y ont vu une œuvre glorieuse qui prolonge et élèvent au point cumulant le processus révolutionnaire débuté en Angleterre. Dans ce sens, la Révolution française à défaut de devenir la lune pour éclairer le monde, devait être à tout le moins une étoile pour illuminer l'Europe ; au demeurant elle devait entretenir un intelligent équilibre entre les droits naturels et les droits historiques qui régentaient l'Angleterre, mais allaient connaitre une chute dès que les droits proclamés de l'homme feraient irruption dans le pays. Edmund Burke, en ses qualités de député britannique, de philosophe et de juriste, a vu de loin ce fait comme le géomètre appréhende la cité dans le principe d'urbanisation et voit l'avenir de la cité avant les autres. Moins d'un an après la Révolution de 1789, il s'élève contre les droits proclamés et proteste contre leur vision globale. D'abord, c'est la nature de cette révolution qui est attaquée. C'est contre sa prétention à un changement radical, à une table rase du passé que Burke s'insurge. Il préfère le progrès graduel d'un peuple dans l'histoire. Autrement dit, au nom des réformes, il rejette la révolution. Il dit ne pas comprendre la folie des Français à vouloir un changement si radical.

En fait, *« au lieu de redresser les griefs, d'améliorer l'édifice de l'État, ce pour quoi ils avaient été appelés par leur roi, et envoyés par leurs concitoyens : on les a jetés dans une route diamétralement opposée»(Burke, 1790, p.9).* La nation française s'est ainsi rendue coupable de destruction de sa patrie en voulant anéantir les inégalités sociales, fondement de la stabilité et de l'équilibre de l'État. Cela est une folie, car aucun peuple digne de ce nom ne peut mettre le souci de sa patrie au second rang. Même si les Français estimaient que le pays était mal gouverné, ils auraient dû renvoyer le monarque seul et conserver leur constitution, comme ce fut le cas en Angleterre, mais *« les Français ... ont brisé, anéanti les parties constituantes de l'État et n'ont conservé que l'homme» (Burke, 1790, p.9).* C'est ainsi qu'ils ont proclamé contre l'État les droits de l'homme.

Ce sont de faux droits consignés dans un code d'anarchie, lance en outre Edmund Burke. Ce que les Français ont proclamé, et l'ont appelé "droits de l'homme", est à la fois ridicule, pédantesque, dangereux et folie. En réalité, dans son œuvre *Réflexion sur la révolution française*, parue en 1790, Burke a considéré que les droits des Anglais ont plus de réalité que les droits de l'homme. En fait, se reportant à un être humain qui n'existe nulle part, les droits de l'homme apparaissent aux yeux de Burke comme une illusion dangereuse, car aucun droit ne saurait s'appliquer à un homme sans considération de son statut politique. Les révolutionnaires français ont conçu les hommes comme des êtres naturellement égaux et parfaitement identiques. Cela traduit la volonté des promoteurs de ces droits de rendre tous les hommes uniformes. Or, chaque pays ou chaque peuple a une culture qui lui est propre et qui empêche la réalisation de cette uniformisation des hommes.

Ainsi, selon Burke, la protection des droits de l'homme indépendamment de l'État, c'est-à-dire la protection d'un être humain n'appartenant à aucun ordre politique, n'est convenablement pas possible. Hannah Arendt adhère en grande partie à cette critique burkéenne, car l'uniformisation des hommes en les posant en une abstraction pure, fait accroître sa vulnérabilité. Lorsque tous les hommes sont devenus uniques et identiques, nous n'avons plus des hommes, mais des masses c'est-à-dire des agrégats isolés. C'est pourquoi elle postule que les droits de l'homme constituent une porte ouverte au totalitarisme dans lequel des hommes sont réduits à leur simple humanité par la destruction de toutes les différences naturelles. Mais Arendt s'écarte de Burke parce que la critique de celui-ci conduit au racisme et il conçoit la révolution comme une restauration et non une institution de la liberté. Suivant cela, si nous prenons pour référent l'histoire des peuples, certaines personnes ne pourront toujours pas être protégées.

VII.1.2) Marx et l'égoïsme des droits proclamés

La critique marxienne des droits de l'homme permet de dévoiler que derrière l'abstraction de ces droits, se cache leur partialité et leur hypocrisie. En vérité, à la question de savoir quel est l'homme réel des droits de l'homme, Marx répond, « *le bourgeois*» (Marx, 1968, p.37). C'est d'emblée la distinction entre l'homme et le citoyen, qui parait suspecte à ses yeux. Dans la *Question juive*, il se demande pourquoi, *« on fait la distinction entre les droits de l'homme et les droits du citoyen» (Marx, 1968, p.37).* Quel est cet homme distinct du citoyen ? Si le bourgeois ne se contente pas des droits de citoyen, en tant qu'égalité devant la loi, c'est effectivement parce qu'étant le commanditaire de la Révolution française, il veut avoir plus de droits que les autres hommes.

Ainsi, les droits de l'homme, malgré leur prétention à l'égalité et à l'universalité, ne sont point les droits de tous les hommes, mais ceux des individualistes bourgeois, repliés sur eux-mêmes, égoïstes et séparés de leurs semblables et de la communauté. Marx affirme : « *Aucun des prétendus droits de l'homme ne dépasse donc l'homme égoïste, l'homme en tant que membre de la société bourgeoise, c'est-à-dire un individu séparé de la communauté, replié sur lui-même, uniquement préoccupé de son intérêt personnel et obéissant à son arbitraire privé » (Marx, 1968, p.39).*

Pour lui, *« les droits-libertés de la Déclaration de 1789 ne sont rien d'autre, sous leur apparence de "droits de l'homme" à prétention universelle, que des armes dont se dote la bourgeoisie capitaliste» (Libreton, 2003, p.234).* Cette bourgeoisie qui est *« déjà prédominante économiquement » (Libreton, 2003, p.234)*et tient le droit veut *« arracher le pouvoir politique à la noblesse, et asseoir sa domination sur le peuple » (Libreton, 2003, 234).*Dans un tel cas, les droits de l'homme resteraient une liberté purement formelle qui n'auraient de contenue réelle que pour les bourgeois, en tant que c'est eux *« qui seuls disposent des moyens économiques de les mettre en œuvre» (Libreton, 2003, p.234).*

La critique marxienne aboutit à l'expression de sa volonté de remplacer le libéralisme par le socialisme. La révolution bourgeoise n'a pas pu résoudre le problème des hommes, car *« l'homme ne fut pas émancipé de la religion, il reçut la liberté religieuse. Il ne fut pas émancipé de la propriété, il ne fut pas émancipé de l'égoïsme de l'industrie, il reçut la liberté de l'industrie» (Libreton, 2003, p.234).* Le libéralisme et les droits de l'homme ont été incapables d'égaliser les hommes et de permettre leur épanouissement réel.

Karl Marx ne se borne pas à critiquer la conception individualiste. Il pense que les libertés proclamées par les révolutionnaires français ne sont pas des libertés réelles. Lui, Marx, veut conceptualiser des libertés réelles. En effet, cette révolution bourgeoise et politique n'a eu aucun impact sur la vie sociale de la population. Pour Karl Marx, selon les termes de Lochak, «*La révolution bourgeoise n'a été qu'une révolution politique, qui a émancipé les citoyens abstraits, mais pas les hommes : reconnus libres et égaux devant la loi, ils restent à la merci des rapports d'exploitation dans une société fondée sur le libre-échange, l'État soi-disant démocratique reste un instrument au service des intérêts de la bourgeoisie » (Lochak, 2006, p.32).*

Le penseur de Berlin trouve que la révolution ne fera que consacrer les inégalités de sorte que les pauvres en soient toujours oubliés. Ces soi-disant libertés, hypocrites et égoïstes par essence, bourgeoises et capitalistes dans la pratique, resteront toujours une illusion pour les pauvres. C'est pourquoi, il pense que la liberté est et doit être le fruit d'une conquête, et cela ne peut être possible que par le socialisme, capable d'instaurer une société sans classe. Cela suppose l'abolition des propriétés privées. À y voir de près, l'on pourrait considérer que, face aux insuffisances de la Révolution française, Marx appelle à une autre révolution, la révolution sociale. Pour lui, l'échec de la révolution bourgeoise nécessite une autre révolution capable de briser les barrières entre les hommes pour permettre une société plus juste et plus humaine, c'est donc à la révolution socialiste qu'il fait recours. Pour se faire, il proposera de procéder à l'unification des classes, et à la déconstruction de l'État dans sa forme qu'on lui connait. Dans cette logique, il proposera le dépérissement de l'État qui est une théorie forte et fondamentale dans la compréhension des idées politiques de Marx. Si nous arrivons à connaitre cette période de la vision marxienne, les hommes vivront en parfaite communion les uns avec les autres, chacun recevra selon ces besoins et donnera selon ses capacités et tous les hommes pourront avoir leur minimum vital. C'est en fait, *« lorsque l'homme a reconnu et organisé ses forces propres comme forces sociales et ne sépare donc plus de lui la force sociale sous la forme de la force politique»*(Marx, 1968, p.45) que l'émancipation se sera réalisée.

Cette révolution devra se faire en trois étapes. Il s'agit dans un premier temps de la dictature du prolétariat. Les prolétaires doivent selon le mot d'ordre de Karl Marx s'élever, s'unir, pour s'emparer du pouvoir politique à travers une violente révolution. Ici toute considération des droits de l'homme et des libertés publiques doit être écartée. Sans doute, Karl Marx avait pesé les dérives révolutionnaires vu qu'il avait déjà tenté de les justifier d'avance. Certainement s'était concentré sur le but ultime à atteindre qu'il avait privilégié. Historiquement, cette révolution est venue à la réalité à travers la révolution communiste de 1917 en Russie.

La deuxième phase de cette révolution dite sociale est l'avènement du socialisme. C'est dans cette société que les inégalités sociales seront réparées. Il s'agit, non de l'instauration d'une égalité, mais d'une justice distributive et proportionnelle. La société doit exiger de chacun selon sa capacité, et offrir à chacun selon ses besoins. En effet, les hommes ont des capacités et des besoins inégaux. Au niveau de la capacité, il serait irraisonnable de demander par exemple à un bourgeois industriel de contribuer aux dépenses publiques à la même hauteur qu'un prolétaire ouvrier. Il ne serait également pas moins injuste d'offrir le même salaire à deux fonctionnaires du même niveau dont l'un est marié avec beaucoup d'enfants alors que l'autre est célibataire sans enfant. Le droit ne paraît donc pas une catégorie fiable pour prôner la justice.

Karl Marx considère au fond que les causes de l'aliénation des hommes sont l'État, la division du travail, l'exploitation et le besoin. C'est pourquoi, dans la dernière étape de l'évolution politique qu'il propose, c'est-à-dire dans la phase supérieure du communisme, ces causes d'aliénation et la bourgeoisie doivent disparaître afin que les richesses du pays soient équitablement partagées. C'est là une société mirobolante dans laquelle tous les hommes doivent être libres et égaux, sans qu'ils aient besoin des institutions politiques. Dans une telle société, les droits de l'homme n'ont plus de raison d'être. Les hommes pourront donc se passer d'eux.

VII.1.3) Nietzsche, au-delà des droits de l'homme

Lionel Ponton, dans son œuvre *Philosophie et droits de l'homme, de Kant à Levinas* en se référant aux explications de Max Scheler et en prenant appui sur les œuvres de Nietzsche met en évidence la critique nietzschéenne des droits de l'homme. De ses explications, il est possible de voir que le reproche de Nietzsche aux droits de l'homme porte sur la tendance à l'égalisation de tous. À ce titre, c'est l'humanisme même des droits de l'homme qui est attaqué.

Ponton écrit ceci : *« Nietzche s'est attaqué à l'humanisme des droits de l'homme avec une particulière ardeur» (Ponton, 1990, p.97).* Il s'agit là d'une révolte contre une civilisation tout entière, contre les valeurs morales de l'Europe. Il voit dans les droits de l'homme une prolongation de la théologie et de la religion chrétienne qui n'est à ses yeux qu'œuvre de souffrance et de misère. Une telle morale, qu'il qualifie de « morales des esclaves » ne saurait assurer au monde un avenir exaltant. Au contraire, elle conduit à dévaloriser notre univers. Il y voit une fuite en avant face à la réalité. Nietzsche lui-même écrit : *« Dans le christianisme, ni morale ni religion ne sont en contact avec la réalité» (Nietzsche, 1974, p.27),* car c'est à partir de la souffrance et de la misère que ces valeurs ont été inventées.

Il semble regretter la perte des valeurs réelles du monde occidental. Dans l'antiquité, il y avait un rapport d'inégalité, un rapport du maître à esclave. Ce rapport, malgré l'apparente injustice, traduisait la justice réelle, la justice où chacun est à sa place, selon les mots de Platon, mais également la justice où le meilleur ou le plus fort règne. Se posant en disciple de Calliclès, Nietzsche pense que l'égalité de tous les hommes est une injustice, car il s'agirait de vouloir pour les lâches égaler les personnalités fortes sans les valoir. Se référant à l'émergence de la démocratie grecque, il pense que c'est la distinction que les Anciens faisaient entre le maître et l'esclave qui leur a permis d'accéder une civilisation si grandiose.

Étant dominés et n'ayant pas le courage nécessaire de sortir de cette situation par des actions glorieuses, les esclaves et les misérables sont enclins au ressentiment. Ils se voient victime d'une situation dans laquelle ils n'ont pas les moyens d'en sortir. C'est pourquoi ils inventent des morales de sorte à désarmer les braves hommes qui leur permettront de prôner l'égalitarisme. La révolution qui a donné jour à ces droits serait donc une *« révolte des esclaves » (Nietzsche, 1900, p.50).* Et cette révolte commence *« lorsque le ressentiment lui-même devient créateur et enfante des valeurs : le ressentiment de ces êtres, à qui la vraie réaction, celle de l'action, est interdite et qui ne trouvent de compensation que dans une vengeance imaginaire» (Nietzsche, 1900, p.50).* Les valeurs d'égalité n'ont rien de positif et d'authentique. Elles *« ne sont pas choisies pour elles-mêmes ; elles ne sont qu'un moyen de ne pas accepter la valeur positive» (Ponton, 1990, p.101).* Il s'agit des réactions et non des actions véritables, car l'esclave n'est pas capable de création de valeurs ; son seul acte qui est susceptible d'être qualifié de créateur et de producteur de valeur, c'est la révolte.

En fait, il ne crée pas ; il réagit à ce qui est créé. Généralement, qu'il le veuille ou non, il accepte l'ordre, le "déjà-là". Mais, il parvient à une certaine grandeur lorsqu'il commence à dire non. Selon Nietzsche, c'est le plus haut niveau de son évolution. C'est à ce niveau qu'il met les droits de l'homme. Au fond, la religion chrétienne, bien qu'elle soit en désaccord avec l'ordre du monde, s'est montrée impuissante. Elle a préféré se consoler par l'imagination d'un autre monde. Cet espoir dans l'imagination, dans cet au-delà, dans ce monde créé par la douleur, lui permet de supporter la vie, de fuir spirituellement la réalité. La morale des droits de l'homme, elle au contraire, dit non à la réalité. Sans rien créer, elle prône la doctrine des égaux, c'est-à-dire celle qui consiste à égaliser ceux qui ne se valent pas.

C'est pourquoi, en se posant en défenseur d'une modernité plus avancée, Nietzsche affirme la nécessité, selon les mots de Lionel Ponton, *« de dépasser les droits de l'homme ou la doctrine des égaux pour envisager l'avenir d'une autre manière plus exaltante» (Ponton, 1990, p. 97).* De telles valeurs aussi médiocres et lâches ne peuvent permettre aucun progrès de l'univers. Il faut les rejeter, d'où le nihilisme nietzschéen. Il le décrit comme une étape de l'évolution de l'homme. C'est un état psychologique qui consiste à reconnaître que depuis longtemps l'homme a perdu le temps à croire à de vaines valeurs. Pour Nietzsche, *« le nihilisme est alors la connaissance du long gaspillage de la force, la torture qu'occasionne ce "en vain", l'incertitude, le manque d'occasion de refaire de quelques façons que ce soit, de se tranquilliser au sujet de quoi que ce soit, la honte de soi-même, comme si l'on s'était dupé trop longtemps...» (Nietzsche, 1903, p.35)*

Cette étape nihiliste qui est la nôtre est marquée, selon Nietzsche, par la mort de Dieu et le dépérissement de toutes les valeurs suprasensibles. C'est le moment du règne du rien et de l'absurde ; c'est l'absence de sens, car le devenir est alors sans but, c'est-à-dire qu'il n'y a pas lieu de croire en un quelconque destin. Et bien évidemment, dans cette période, tout est permis, car il n'y a plus aucune référence de jugement. Hannah Arendt fait écho de cette philosophie, quand elle affirme que nous sommes dans un intervalle, dans une brèche, c'est-à-dire entre le « n'est plus » et le « pas-encore ». Elle constate effectivement que les valeurs religieuses, morales et toute forme d'autorité se sont effondrées, et ne peuvent plus servir de référence. Pour Nietzsche, il faut donc aller au-delà des droits de l'homme, car le libéralisme cause la misère de l'Europe, et le socialisme, frère cadet du despotisme, ne peut plus être source de droit.

Le nihilisme n'est pas la fin du monde, il est un passage, comme l'est l'homme lui-même, et oblige les hommes à transcender de nouvelles valeurs. C'est une aurore qui pourrait aussi être un crépuscule. Nietzsche se pose là comme le prophète des temps nouveaux. Il n'est pas question de valoriser l'homme et de lui accorder des droits, il faut le transcender pour aller vers le surhumain. Ponton révèle ses objectifs en ces termes :

« sa diatribe contre les droits de l'homme repose donc sur un double fondement : la réhabilitation de vertus de races nobles (audace, indifférence, mépris pour les la sécurité, le corps, la vie, etc.) d'une part et d'autre part l'affirmation des valeurs nouvelles de puissance et de force» (Ponton, 1990, p.98). C'est le développement de la personnalité forte que Nietzsche défend. Il s'agit pour lui de signifier que la marche de l'humanité ne se limite pas à l'homme, mais doit continuer. Ce n'est donc pas l'homme qu'il faut valoriser, mais son devenir, c'est-à-dire le surhumain. Celui-là est souverain et créateur. La seule dignité réelle est celle du créateur, du génie qui préside au développement des arts et des sciences, car les droits ne s'offrent point comme un gâteau, mais doivent être conquis de haute lutte.

C'est là qu'intervient la notion de la volonté de puissance qui traduit l'idée que les vertus s'enracinent dans la puissance affirmative et créatrice. Au fond, *« sa grande crainte a pour objet le dépérissement des hommes exceptionnels et la disparition du "fait d'expérimenter", crainte qui manifeste hautement que la nécessité d'un dépassement politique de ces droits»(Ponton, 1990, p.98).* Nietzsche annonçait ainsi le changement du monde, le fait qu'aucune valeur morale ne peut plus être valable. Désormais le monde est dans l'absurde. C'est d'ailleurs en ce sens qu'Arendt aborde la question des droits de l'homme. Autrement dit, comment des droits moraux peuvent-ils s'appliquer dans un monde amoral, c'est-à-dire un monde où les hommes ne croient ni en Dieu ni aux valeurs morales ni à une quelconque autorité ?

VII.2) Hannah Arendt contre la complexité des droits de l'homme

VII. 2.1) Aux origines des droits de l'homme

Les droits de l'homme tels qu'ils avaient solennellement été proclamés par les Révolutions du XVIIIe siècle se fondaient sur la nature humaine. En effet, John Locke et les philosophes des Lumières avaient enseigné à l'humanité que l'homme devait s'émanciper de tout ce qu'il n'a pas créé pour ne croire qu'en lui-même. Il devait se servir de son propre entendement. Ainsi les hommes du XVIIIe siècle se sont émancipés du commandement de Dieu et de leurs propres traditions historiques. Autrement dit, ni le droit divin ni le droit de conquête ou d'héritage ne pouvaient plus tenir de références fiables. Ce fut le déclin des fondements théologique et historique des droits de l'homme. C'est comme si la proclamation des droits de l'homme annonçait avant Nietzsche la mort de Dieu et de toute autorité traditionnelle. Ainsi, Arendt avance : « *Le premier résultat de l'accès de l'homme,* aux yeux d'Arendt, *à la maturité est que l'homme a fini à en vouloir à tout ce qui est donné, même sa propre existence à vouloir au fait même qu'il n'est pas son propre créateur ni celui de l'univers»(Arendt, 2002, p.872).*

Il exprimait sa volonté d'être le créateur de ses propres lois et l'artisan de son histoire. Paradoxalement, comme si les révolutions du XVIIIe siècle se sont finalement avérées inachevées ou tournées en dérision, c'est encore dans la nature, humaine est-elle, que les proclamateurs des droits de l'homme logent le fondement et la source de ces droits. La nature humaine prenait ainsi la place autrefois attribuée au commandement divin ou à l'histoire. Il s'agissait désormais de concevoir les droits de l'homme, en droits naturels, c'est-à-dire droits inhérents à la nature humaine dont la raison permet de saisir l'évidence. L'homme devrait avoir les droits parce qu'il est un être de raison et plein de dignité. Autrement dit, *« les droits historiques, dit Arendt, étaient remplacés par des droits naturels, la ''nature'' prenait la place de l'histoire, et l'on admettait implicitement que cette ''nature'' était moins étrangère que l'histoire à l'essence de l'homme» (Arendt, 2002, p.868).* Cette nature était considérée par les philosophes comme solide et plus proche de l'essence de l'homme. Il s'agissait de la proclamation d'une nouvelle dignité de l'homme. Celle-ci *« était d'avoir accédé à la majorité, de s'être émancipé du commandement de Dieu et de sa propre tradition historique, qui l'avaient conduit comme un enfant guidé par son père» (Arendt, 2002, p. 868).* Les philosophes étaient ainsi assurés d'avoir bien fondé les droits naturels, car, à leurs yeux, ce fondement était bien plus solide que les fondements antérieurs.

À ce titre, les droits de l'homme devraient permettre la protection de tous les hommes y compris les étrangers et les apatrides, en vertu de leur statut juridique international.

Fondés sur la nature humaine, ces droits étaient supposés porter en eux-mêmes leur garantie comme l'homme seul portait en lui-même sa dignité sans l'appui d'une communauté politique. Ce que les Déclarations des droits de l'homme semblaient indiquer, dit Arendt, c'est que *« si un homme perd son statut politique, il devrait en fonction des conséquences inhérentes aux droits propres et inaliénables de l'homme, tomber dans la situation précise que ces droits généraux ont prévue» (Arendt, 1982, p.289).* À vrai dire, les droits de l'homme étant liés à la nature humaine et non au statut politique, ils devraient être garantis à tous les hommes sans aucune condition. Ce dispositif semblait bien fonctionner au départ, car *« tous les êtres humains*[14] *étaient citoyens d'une certaine forme de communauté politique» (Arendt, 1982, p.594-595).* Ainsi, lorsque *« les lois de leur pays ne répondaient pas aux exigences des Droits de l'homme, on attendait d'eux qu'ils puissent les changer, par le biais de la législation dans les États démocratiques, de l'action révolutionnaire dans les régimes despotiques» (Arendt, 1982, p.595).* En un mot, en tant que citoyens, les hommes arrivaient à faire appliquer plus ou moins leurs droits de l'homme. Mais, comment ces droits pouvaient-ils s'appliquer aux non-citoyens ?

VII.2.2) Des droits de l'homme aux droits des peuples

Appliquer les droits de l'homme à l'homme en soi, c'était la difficile mission que s'étaient proposée les philosophes de l'école moderne du droit naturel. Malheureusement, les droits de l'homme ne pouvant s'appliquer automatiquement, bien qu'ils étaient supposés irréductibles, il a été résolu de le faire appliquer par un gouvernement. En réalité, *« il semblait que les "droits*

[14] - Hannah Arendt ne considère ici que l'organisation du monde européen.

inaliénables" de l'homme trouveraient tout naturellement leur garantie et deviendraient une part inaliénable du droit souverain du peuple à s'autogouverner» (Arendt, 1982, p.271). La protection des droits de l'homme venait ainsi à dépendre de la souveraineté nationale du peuple.

Hannah Arendt trouve une ambigüité qui s'entrevoit par ailleurs dans la Déclaration française de 1789. Dans le même texte, il avait été posé d'une part l'universalité des droits de l'homme et d'autre part la souveraineté nationale. Autrement dit, *« la même nation était en même temps déclarée soumise à des lois, découlant bien sûr des Droits de l'Homme, et souveraine, c'est-à-dire liée par aucune loi universelle et ne reconnaissant rien de supérieur à elle-même» (Arendt, 1982, p.183).* En fait, l'universalité des droits de l'homme signifiait que ces droits doivent s'appliquer à tous les hommes et partout sans condition ni restriction. Pourtant, la souveraineté nationale suppose que la nation ne doive être soumise à aucun ordre supérieur, universel soit-il. Dans un tel cadre, comment l'individu peut-il alors bénéficier de ses droits ? Il existe donc un conflit entre les droits de l'homme et la souveraineté nationale. C'est ce conflit qui rend difficile l'application des droits de l'homme. De ce fait, ils *« ne furent plus protégés et consolidés qu'en tant que droits nationaux»(Arendt, 1982, 183).* Cela laisse entrevoir qu'il appartient désormais à chaque peuple de réaliser ses droits de l'homme en accédant à la souveraineté nationale : celle-ci se pose comme la condition des premiers.

Il semble ainsi que l'individu cet être émancipé, libéré de Dieu, de l'histoire - cesse d'être sujet des droits de l'homme au profit du peuple. C'est un constat contradictoire qu'Arendt exprime en ces termes : *« À peine l'homme venait-il d'apparaître comme un être émancipé et complètement autonome, portant en lui-même sa dignité sans référence à quelques ordres plus vaste et global, qu'il disparaissait aussitôt pour devenir membre d'un peuple»(Arendt, 1982, p.272).* En un mot, les droits de l'homme deviennent les droits des peuples. Le sort de l'individu se voit ainsi lié au sort de son peuple. Cette transformation du droit de l'individu en droit du peuple a consisté à lier les droits de l'homme à la souveraineté et à les transformer en droits nationaux ; d'où l'exclusion des non-citoyens du droit.

VII.2.3) Les exclus des droits de l'homme

L'État se pose désormais comme le protecteur des droits de l'homme. Or, les États modernes européens étaient dans la plupart des cas des États nations. Ceux-ci n'accordent la citoyenneté qu'aux nationaux et ne protègent que ces derniers. Du coup, les non-nationaux se retrouvent être les sans-protections. Au fond, « *au nom de la volonté du peuple, l'État fut contraint de ne reconnaître pour citoyens que les "nationaux", de garantir la pleine jouissance des droits civiques et politiques qu'à ceux qui appartenaient à la communauté nationale par droit d'origine et fait de naissance» (Arendt, 1982, p.182).*

En plus simples, les droits de l'homme se trouvent liés à l'appartenance à une communauté politique déterminée et sont par la même occasion refusés à ceux qui n'appartiennent à aucune communauté politique. Autrement dit, affirme Lochak, *« Hannah Arendt montre que, en faisant dépendre la garantie des droits de l'homme de l'émancipation politique du peuple, on abouti à priver de toute protection ceux qui n'étaient pas membres de ce peuple» (Lochak, 2006 ,p.90).*

Ainsi, après la Première Guerre mondiale et le redécoupage de l'Europe, les peuples qui se sont retrouvés sans État ont également été privés des droits de l'homme. En fait, l'éclatement du système de l'État-nation a contraint des peuples entiers à l'émigration. Ces peuples n'ont été accueillis nulle part et n'ont pu s'assimiler en aucun pays. Privés d'État, ils sont devenus apatrides, c'est-à-dire des hommes de nulle part. Cela signifie qu'ils sont devenus les véritables hommes des droits de l'homme. À de tels hommes, les droits de l'homme auraient dû s'appliquer avec succès, car ils n'étaient que des hommes, des hommes en général, et non des hommes d'un pays donné.

Toutefois, il est bien de mentionner ici que Hannah Arendt elle-même a fait l'amère expérience du totalitarisme. En 1933, avec l'arrivée d'Hitler au pouvoir en Allemagne, tous les Juifs dont Arendt sont chassés et déchus de leur nationalité allemande. Pendant 18 ans, elle a vécu en étrangère dans le monde, sans être de quelque part. Cette dénationalisation prononcée par Hitler amène l'élève de Heidegger à réaliser qu'être individu sans État, c'est être homme de trop dans un monde où il n'existe aucune loi réelle pour les individus. Si elle a eu la chance de fuir et de vivre en exil et en apatride dans le monde, notamment en France et aux États-Unis, entre 1933 et 1951, certains de ses proches qui sont restés en Allemagne ont fait l'expérience de l'enfer sur terre ; ils ont été conduits dans les camps de concentration pour y être torturés, réifiés et tués par gaz ou par fusillade, c'est la solution finale d'Hitler. Elle a été appliquée à un peuple pour qui il n'y a ni terre, ni gouvernement, ni loi.

La subordination des droits de l'homme à l'État n'a pas seulement conduit à l'exclusion des non-citoyens de la protection de la loi, elle a laissé des hommes en proie à l'expérience de la superfluité humaine dans les camps de concentration. Ces hommes, mis hors la loi, ont été transformés en cadavres vivants sous l'œil impuissant des promoteurs des droits de l'homme et de la communauté internationale. Les non-citoyens se posent ainsi comme des hommes de trop.

n'ont été accueillis nulle part et n'ont pu s'assimiler en aucun pays. Privés d'État, ils sont devenus apatrides, c'est-à-dire des hommes de nulle part. Cela signifie qu'ils sont devenus les véritables hommes des droits de l'homme [illegible] des hommes [illegible] en général et non des hommes d'un [illegible].

[illegible]

VIII) CRITIQUE ARENDTIENNE DES DROITS DE L'HOMME : UNE RUPTURE ET UN DÉPASSEMENT

La critique arendtienne se déploie comme une pensée elliptique qui ne peut être comprise qu'à partir de sa référence fondamentale qu'est le totalitarisme. C'est en effet, à partir *« de l'expérience de la négation de l'humanité des individus dans les camps nazis»(Riviello, 1987, p.196)* qu'Hannah Arendt comme l'écrit Anne-Marie Roviello*« reprend et approfondit la réflexion sur les droits de l'homme déjà entamée à propos de la situation du paria »(Riviello, 1987, p.196).* En effet, elle procède à ce traitement effectivement, dans *La Tradition cachée*, de l'exclusion des peuples acosmiques notamment les Juifs, son peuple. Ceux-ci, ne bénéficiant pas de l'égalité devant la loi, n'ont pas pu lutter pour leur intégration dans la légalité, mais ont plutôt préféré certains d'entre eux, surtout les riches et les privilèges. C'est comme si l'échappatoire à la situation de paria, de rejeté de la société, consistait à devenir un parvenu, c'est-à-dire un privilégié. Les Juifs nantis cherchaient ainsi vainement une échappatoire individuelle à leur désastreuse situation politique. Mais devenus sans-État, ces exclus sociaux ont été réduits en des matières premières des usines de la mort, mise en place par les gouvernements totalitaires. C'est de là le point de départ de la critique arendtienne des droits de l'homme.

Mais cette critique prend également appui sur des critiques précédentes des droits de l'homme, notamment celles d'Edmund Burke et de Karl Marx comme nous l'avons largement montré. Ces deux philosophes tels que nous l'avons montré avaient déjà critiqué, avant elle, l'abstraction des droits de l'homme. Elle reprend ces critiques et les amplifie (Even-Granboulan, 1990, p. 48). Son amplification ne consistera pas seulement à les appliquer aux nouvelles expériences totalitaires, mais à les peser devant des faits nouveaux afin de repenser ces derniers à sa propre manière. Arendt comprend à partir de Marx la difficulté de lier les droits de l'homme à la personne isolée, comme si l'homme vivait seul sans rapport avec les autres. D'Edmund Burke, elle comprend le solide lien qui existe entre le bénéfice des droits de l'homme et l'appartenance à une communauté politique déterminée. Autrement dit, ce serait une inanité de concevoir des droits de l'homme complètement émancipés de la condition politique de l'individu, de la position qu'il occupe dans sa communauté politique particulière. À la suite d'Edmund Burke, Hannah Arendt ne voudra plus croire à l'effectivité des droits fondamentaux sans ancrage politique. En atteste les écrits dans *L'Impérialisme,* où elle affirme : « *les survivants des camps de l'extermination, pensionnaires des camps de concentration de l'internement, et même les relativement heureux apatrides n'ont pas eu besoin des arguments d'un Burke pour voir que l'abstraite nudité de celui qui n'est rien qu'un homme constituerait pour eux le pire des dangers» (Arendt, 1982, p.287-288).*

Elle veut traduire que non seulement Burke a raison de critiquer l'abstraction des droits de l'homme et que le danger de cette conception utopique s'est le plus révélé à travers la réalité concrète de la misère de l'individu sans-État dans les camps de concentration.

Hannah Arendt a compris que la conception des droits de l'homme en tant droits naturels ne peut rien changer dans la situation de l'individu et ne permet aucun progrès de la civilisation humaine. D'ailleurs, les droits naturels ne sont-ils pas reconnus aux animaux sauvages ? Qu'est-ce que cette reconnaissance a-t-elle changé dans leur situation ? Les animaux continuent d'être victimes de la déforestation, de servir d'ingrédients dans les sauces des hommes, de servir de cobayes d'expérience scientifique. Mais la lutte contre le braconnage et l'institution des ministères des eaux et forêts ne sont faites que dans l'intérêt des hommes. Ils veulent juste rationaliser les pratiques de la pêche et la chasse afin d'éviter les insuffisances de viandes et de poisson aux générations futures. Bref, la conception naturaliste des droits de l'homme finit par les *« réduire aux droits de "sauvage nu" »*(Ponton, 1990, p.155) et rend leur pertinence discutable.

Toute cette situation implique qu'il faille redéfinir « l'homme » des droits de l'homme dont parlent tous les penseurs et critiques de la philosophie des droits de l'homme.

Pour ainsi dire, la mauvaise conception des droits de l'homme est au fond due à la mauvaise conception de l'homme lui-même. Sans vergogne, Hannah Arendt affronte ainsi les philosophes politiques libéraux et les accuse d'avoir raté la compréhension de l'homme. Les philosophes ont défini l'homme, comme si tous les hommes étaient identiques. C'est le contraire qui est juste, car tous les hommes ne sont pas identiques, ils n'ont pas les mêmes caractéristiques naturelles. C'est à la prise en compte des différences naturelles dans la compréhension de l'homme qu'Arendt nous invite.

Malheureusement, au mépris de ses particularités et de sa singularité, les philosophes parlent de l'homme comme les zoologistes parlent des animaux. Ils voudraient donner une définition conceptuelle de l'homme qui reste valide pour tous les hommes comme la définition du singe ou du lion raterait valide pour tous les singes et lions. Mais, aux yeux d'Hannah Arendt avec l'homme, les choses sont particulières. C'est pourquoi, la politique activité humaine par excellence « repose sur la multiplicité et la pluralité des hommes[15]» (Ricœur, 1995, p.14). Cette définition identitaire et conformiste ne saurait permettre de saisir chaque individu tel qu'il est dans sa singularité.

Les philosophes ont en outre ignoré que l'homme ne peut avoir de sens dans son cadre d'existence. Il ne peut donc pas être défini, mais seulement compris à travers ses actions et ses paroles. C'est par ces moyens que l'homme peut se révéler afin que l'on puisse découvrir qui il est. Pour cela, il faut observer ses manifestations. Ce sont ces actions qui montrent qui il est. C'est par le « qui » et non par le « quoi » que l'homme puisse être compris. C'est ce qu'Anne Marie Roviello tente de traduire lorsqu'elle avance à la suite d'Hannah Arendt que l'individu « est identifiable, mais non définissable» (Riviello, 1987, p.21). Cette identification s'opère à travers sa manifestation non en tant qu'« apparence pure» (Riviello, 1987, p.21). Mais en tant que la manière singularisée dont « l'invisible se donne à voir, tout en s'épuisant dans cette visibilité» (Riviello, 1987, p.21).

Cette mauvaise définition philosophique de l'homme a conduit à la mauvaise conception de sa situation juridique. Tous ont cru que l'homme pouvait être protégé en tant que tel sans le besoin d'appartenir une communauté politique déterminée. Cela a donné l'espoir que tous les hommes sans considération de leur statut politique devraient accéder à la protection au nom des droits de l'homme. Logiquement une telle protection devrait être assurée à tous, même à ceux qui vivent dans des sociétés sans État. Mais, c'était mal connaître l'homme et sa réalité politique ; c'était refuser de comprendre que rien n'est

---

15 - Paul RICŒUR, « Résumé » de *qu'est-ce que la politique* de Hannah ARENDT, trad. Sylvie Courtine-Denamy, Paris, Seul, 1995, p.14

donné à l'homme naturellement sauf la possibilité de devenir humain.

La critique arendtienne des droits de l'homme s'annonce ici comme une pensée suscitée par un phénomène nouveau. L'émergence et les proclamations des droits de l'homme dans la modernité avaient alors pour souci d'assurer à l'individu un statut international automne qui puisse lui permettre de bénéficier des droits indépendamment de sa communauté politique et de sa condition sociopolitique. Mais, Hannah Arendt ne croit pas en une telle protection, car pour elle le bénéfice des droits de l'homme est lié à l'appartenance dans une communauté politique. C'est donc pour montrer en détaille l'inanité de la conception naturaliste et individualiste des droits de l'homme qu'elle met en exergue les épreuves auxquelles ils sont été confrontés dans l'histoire. Ce sont ces épreuves que nous allons maintenant analyser à la lumière de sa pensée.

CONSIDÉRATIONS FINALES

De Burke à Hannah Arendt en passant par Marx, la découverte de l'ampleur des difficultés des droits de l'homme montre la complexité de la compréhension parcellaire que les hommes font de cette donne universelle. Non seulement les «droits ne paraissent plus formels », mais ils sont plutôt « destinés à couvrir un système de domination » (Lefort, 1981, p. 47). La gravité de l'acte se voit encore plus avec Claude Lefort qui montre que les dissidents des États socialistes se sont réunis afin que « tirant profit des Accords d'Helsinki pour réclamer le respect des droits de l'homme, ait semé le plus grand trouble dans les esprits » (Lefort, 1981, p.47). Cependant nul ne met en demeure les défenseurs des droits de l'homme pour qu'ils répondent à la question de savoir si oui ou non les droits de l'homme sont un texte achevé ou s'il mérite d'être dépassé. En réalité, les critiques de nos trois auteurs ont conduit à la reconnaissance de nouveaux droits et éveillent l'inclinaison des droits de l'homme vers une soumission à des entités hors de son périmètre.

Comment rendre les droits de l'homme plus performant, facilement applicables, résistant à tout pouvoir et arriver à uniformiser les droits des individus pour éviter la dissociation des hommes tout comme on réussirait par là même à combattre « la séparation entre cette société atomisée et la communauté politique ». Mais, l'expérience qu'Arendt fait du totalitarisme, des apatrides, de l'hitlérisme, conforte les postures de nos référents qui stipulent que le totalitarisme s'est construit sur la ruine des droits de l'homme. Annah Arendt qui part tantôt de Burke, tantôt de Marx construit savamment sa pensée par des incursions régulières aussi bien chez Nietzsche.

Cependant, nous constatons que tous se sont enfermés dans ce cercle et laissés pris au piège de l'idéologie des droits qui ne permet pas d'examiner ce qu'ils signifient dans la pratique de sorte à savoir quel bouleversement ils apportent dans la vie sociale, dans la vie tout court des individus.

BIBLIOGRAPHIE

Amartya Senn (2006),La démocratie des autres. Pourquoi la liberté n'est pas une invention de l'occident, Trad. Monique Begot, Paris, Payot et Rivages.

BARANGER Denis (2004),
« Common Law et droits de l'homme » in Joël ANDRIANTSIMBAZOVINA, *Northwestern*
University Journal of International Human Rights, vol.2.

Bourgeois Bernard (1990),
Philosophie et droit de l'homme : de Kant à Marx, Paris, PUF.

Calvez Jean Yves (1956),
La pensée de Karl Marx, Paris, éd. Du Seuil.

Edmund BURKE (1790),
Sur la Révolution française (ou Sur la Révolution arrivée en France), trad. Baron de B, Paris, PUF.

Even-Granboulan Géneviève (1990),
Une femme de pensée : Hannah Arendt, Paris, Anthropos-économica.

Friedrich Nietzsche (1900),
La Généalogie de la morale, trad. Henry Albert, Paris, Mercure de France.

Friedrich Nietzsche (1922),
La Volonté de puissance, trad. Henry Albert, Paris, Mercure de France.

Friedrich Nietzsche (1974),
L'Antéchrist, trad. Jean-Claude Hémery, Paris, Gallimard.

Hannah Arendt (2007),
« Édifier un monde », Interventions (1971-1975), trad. Mira Köller et Dominique Séglar, Paris, Seuil.

Hannah Arendt (1967),

Essai de la révolution, trad. Michel Chrestien, Paris, Gallimard.

Hannah Arendt (1972,)

La Crise de la culture, trad. Patrick Lévy, Paris, Gallimard.

Hannah Arendt (2002),

Les Origines du totalitarisme, Paris, Quartro Gallilard.

Hannah Arendt (1982),

L'impérialisme, Trad. Martine Leiris, Paris, Fayard.

Hannah ARENDT (1989),

Penser l'événement, trad. Claude Habib (dir), Paris, Belin.

Labica G.-Bensussan G. (1999),

Dictionnaire critique du marxisme, Paris, PUF.

Lefort Claude (1981),

L'invention démocratique, Les limites de la domination totalitaire, Paris, Fayard.

Libreton Gilles (2003),

Libertés publiques et droits de l'Homme, Paris, Armand Collin.

Lochak Danièle (2006),

Les Droits de l'homme, Paris, La Découverte.

Marx Karl (1968),

La Question juive, trad. Gilbert Badia Paris, Union Générale d'Édition.

Marx Karl (2006),

Sur la Question juive, présentation et commentaires de Daniel Bensaïd, trad. Jean François Poirier, Paris, Ed. La Fabrique.

Marx Karl (1982),

Thèses sur Feuerbach, traduction du collectif des éditions sociales, Paris, Éditions sociales. Moreault Françis (1999),

« Citoyenneté et représentation dans la pensée politique de Hannah Arendt », in sociologie et sociétés, vol. 31, n°2.

Ricœur Paul (1988),
Pour l'être humain du seul fait qu'il est humain. Paris: UNESCO.
Ponton Lionel (1990),
Philosophie et droits de l'homme : de Kant à Lévinas, Paris, Vrin.
Riviello Anne-Marie (1987),
Sens commun et modernité chez Hannah Arendt, Bruxelles, OUSIA.
Saroléa Sylvie (2006),
Droits de l'homme et migrations : de la protection du migrant aux droits de la personne migrante, Bruxelles, Bruyant.
Constitutions Française (1789), Déclaration Universelle des Droits de L'Homme.
Déclaration de Droits de l'Homme et du Citoyen, 26 août 1789.
Déclaration universelle des Droits de l'homme, Paris, 1948, Nations Unies.
Amnesty International, Rapport 2006.
Ouvrages consultés et conseillés
BLOCH J-P. (1989),
DOMENACH, Jean-Marie, MEMMI, Albert, alii, Les Droits de l'homme en question, Paris, La Documentation française, 379p.
DOISE W. (2009),
Discriminations sociales et droits universels. Itinéraires en psychologie sociale, Grenoble, Presses universitaires de Grenoble.
Haarscher Guy (1987), Philosophie des droits de l'Homme, Bruxelles, Editions de l'Université de Bruxelles.
HABERMAS Jürgen (1992),
Droit et démocratie. Entre faits et normes, traduction de Rochlitz, R. et Bouchindhomme, C. Paris, Gallimard.

Hanna Arendt (2002),

Les Origines du totalitarisme, suivi de Eichmann à Jérusalem, trad. Micheline Pouteau, Anne Guérin, et autres, Paris, Gallimard.

Hanna Arendt (1972)

Du Mensonge à la violence, trad. Guy Roland, Paris, Camann-Lévy.

Locke John (1992),

Traité du gouvernement civil, trad. David Mazel, Paris, Garnier Flammarion

Machiavel Nicolas (1972),

La Prince et autre écrits politiques, trad. Yves Lévy, Genève, Gallimard.

Platon (1966),

La République, trad. Robert Baccou, Paris, Garnier Flammarion.

Rousseau jean jacques (1973),

Du Contrat social, Paris, Union Générale d'Éditions.

TABLE DES MATIÈRES

Côte d'Ivoire

aux éditions L'Harmattan

Dernières parutions

LE FORFAIT SANITAIRE AU SECOURS DE LA COUVERTURE MALADIE UNIVERSELLE EN CÔTE D'IVOIRE
Robé Donatien
Avec la contribution de Serge Blafond - Préface de René Hokou Légré
Ce livre traite de l'accès des Ivoiriens aux soins de santé. Il fait un inventaire de toutes les politiques de santé initiées en Côte d'Ivoire depuis l'indépendance en 1960 à ce jour, notamment le projet de couverture maladie universelle (CMU) en voie de mise en œuvre depuis l'accession au pouvoir d'Alassane Ouattara. L'auteur, critique vis-à-vis de ce projet, met en exergue ses failles techniques dans le mode de financement, la gestion du risque maladie et la maîtrise des dépenses, non sans pointer du doigt ses insuffisances sur le plan de l'équité, de l'égalité face à la maladie et de la solidarité nationale.
(Coll. Points de vue, 12.50 euros, 116 p.)
ISBN : 978-2-343-09723-7, ISBN EBOOK : 978-2-14-001515-1

LA CÔTE D'IVOIRE ET SES ÉTRANGERS
Viti Fabio
Cet ouvrage travaille sur la question de la présence et du rôle des étrangers en Côte d'Ivoire. Le discours public autour de cette question y est analysé, ce qui permet de dégager une typologie de l'État et de la société ivoirienne. Véritable «société de sociétés», où différents rapports aux figures plurielles d'étrangers coexistent, la Côte d'Ivoire nous est présentée sous un jour différent. Un ouvrage collectif qui affine et complexifie le regard.
(Coll. Études africaines, 28.00 euros, 278 p., Illustré en noir et blanc)
ISBN : 978-2-343-08366-7, ISBN EBOOK : 978-2-14-001437-6

LES MIGRANTS ENVIRONNEMENTAUX EN CÔTE D'IVOIRE
Quels droits, quelles protections ?
Gallon Kémonthé Marius-Jonas
Après un examen des instruments et mécanismes internationaux et régionaux, des politiques gouvernementales et des données factuelles recueillies sur le terrain, l'auteur propose une esquisse de solutions efficaces et durables pour une meilleure garantie des droits des migrants environnementaux.
(Coll. Afrique : politiques publiques, sécurité, défense, 18.50 euros, 178 p.)
ISBN : 978-2-343-09149-5, ISBN EBOOK : 978-2-14-001409-3

LA MODERNISATION DE L'ADMINISTRATION PUBLIQUE EN CÔTE D'IVOIRE
Politiques de réforme de la fonction publique (1957-2015)
Yao Wozanhou Benjamin - Préface de Dominique Bangoura
Cet ouvrage est une contribution au débat sur la modernisation de l'État en Afrique. L'auteur se demande si les réformes administratives menées en Côte d'Ivoire depuis près de six décennies y ont contribué. Ce livre consiste à identifier les principes et les conditions de toute administration moderne et à relever les limites des réformes entreprises en Côte d'Ivoire.
(Coll. Afrique : politiques publiques, sécurité, défense, 18.00 euros, 174 p.)
ISBN : 978-2-343-09148-8, ISBN EBOOK : 978-2-14-001400-0

L'ALCOOL EN CÔTE D'IVOIRE – Histoire, usage et signification
Brou Konan Denis - Préface du Professeur Opadou Koudou
Avec l'indépendance de la Côte d'Ivoire en 1960, l'alcoolo-dépendance qui a pris naissance en 1946 semble gagner toutes les strates sociales. L'on assiste résolument à un alcoolisme de type moderne, occidental, dont les avatars se font de plus en plus sentir sur les rapports sociaux. Pour en atténuer l'acuité, l'auteur pense que l'on doit désormais considérer l'alcoolo-dépendance comme un problème de santé publique ; introduire l'enseignement de l'alcoologie à l'école ; instituer de façon formelle l'injonction thérapeutique ; veiller à la répartition équitable des richesses du pays.
(Harmattan Côte-d'Ivoire, 21.50 euros, 212 p.)
ISBN : 978-2-343-09700-8, ISBN EBOOK : 978-2-14-001583-0

LES PRIX DE TRANSFERT DANS L'INDUSTRIE DES MATIÈRES PREMIÈRES STRATÉGIQUES EN CÔTE D'IVOIRE
Aspects juridiques, fiscaux et économiques
Kouame Noel-Faustin - Postface de Abdourahmane Cissé
A partir de l'exemple du café et du cacao, secteur dans lequel la Côte d'Ivoire est leader mondial en termes d'exportations, ce livre vise à démontrer que l'arsenal fiscal ivoirien qui a fait florès hier semble devenu aujourd'hui obsolète, dépassé et incapable de répondre aux défis d'une économie désormais globalisée. L'analyse purement juridique des problématiques d'évaluation des échanges intragroupes devrait nécessairement céder le pas à une analyse économique du droit, moins dogmatique et plus pragmatique.
(39.00 euros, 422 p.)
ISBN : 978-2-343-07482-5, ISBN EBOOK : 978-2-14-001386-7

SI LA CÔTE D'IVOIRE RENONÇAIT AU MODÈLE DÉMOCRATIQUE FRANÇAIS
Zra-Bi Claude
Un refrain parcourt cette œuvre : renonçons en Côte d'Ivoire à la démocratie républicaine française. Que chaque groupe ethnique (ou région) choisisse son représentant. Et tous les représentants choisissent parmi eux un président pour un mandat de 5 ou 7 ans, non renouvelable mais tournant. Et les représentants de chaque région siégeront comme des vice-présidents, attendant, chacun, son tour de gouverner. Cette politique préserve l'identité des ethnies évitant ainsi

l'immixtion de prédateurs politiques ou économiques dans le débat politique interne. Utilisons ce modèle et non la République qui met au rebut le camp adverse.
(Coll. Harmattan Côte-d'Ivoire, 12.50 euros, 98 p.)
ISBN : 978-2-343-07793-2, ISBN EBOOK : 978-2-336-39706-1

ANALYSES EN GRAMMAIRE FRANÇAISE
Pour une approche rénovée dans l'enseignement en Afrique
Adopo Achi Aimé - Préface de François Adopo Assi
L'auteur rappelle quelques méthodes et principes d'analyse en grammaire pour expliquer certaines vérités grammaticales et montre ainsi comment s'approprier ces méthodes et ces principes d'analyse pour identifier correctement les mots, groupes de mots et propositions, ainsi que leurs fonctions dans la phrase. Il remet par ailleurs en question certaines analyses grammaticales traditionnelles devenues des «vérités éternelles» et fait des propositions novatrices.
(Harmattan Côte-d'Ivoire, 22.50 euros, 218 p.)
ISBN : 978-2-343-07813-7, ISBN EBOOK : 978-2-14-001517-5

CÔTE D'IVOIRE, ALASSANE OUATTARA ET LES DROITS DE L'HOMME
Diaby Moustapha Ben Ismaïla - Préface de Diaby Moussa Abdoul Kader
Les droits de l'Homme en Côte d'Ivoire et l'action d'Alassane Ouattara dans ce domaine constituent une question cruciale. Quelle orientation voudrait-on donner aux droits de l'Homme en Côte d'Ivoire aujourd'hui ? La construction d'un État démocratique devra être fondée sur la promotion des droits de l'Homme, cela à travers la recherche des objectifs de développement, qui ne vont pas sans le respect des droits fondamentaux de l'homme. Ce livre essaie d'analyser les avancées constatées dans la construction d'un espace démocratique et d'exercice des droits de l'Homme en Côte d'Ivoire.
(Coll. Harmattan Côte-d'Ivoire, 18.00 euros, 170 p.)
ISBN : 978-2-343-07044-5, ISBN EBOOK : 978-2-336-39443-5

POLITIQUE OU GUERRE DES ESPRITS EN CÔTE D'IVOIRE
Gueu Denis
La dynamique politique et démocratique en Afrique noire, et en Côte d'Ivoire en particulier, se manifeste dans la passion, avec pour décor la violence, le fétichisme, la sorcellerie. Il s'agit d'un combat non démocratique caractérisé par la négation de l'adversaire par tous les moyens occultes. Cet ouvrage interpelle la conscience collective ivoirienne, en vue d'adhérer à une démocratie constructive avec des projets crédibles sans hypocrisie, en vue d'une cohésion sociale durable.
(Coll. Harmattan Côte-d'Ivoire, 11.00 euros, 72 p.)
ISBN : 978-2-343-07173-2, ISBN EBOOK : 978-2-336-39409-1

IDÉOLOGIE, CONSCIENCE ET COMBAT POLITIQUE EN AFRIQUE
Koné Katinan Justin - Préface de Lazare Koffi Koffi
Faisant suite à son premier ouvrage *Côte d'Ivoire, L'audace de la rupture*, Justin Koné Katinan montre qu'il est un citoyen libre et qu'il a pleine conscience de l'histoire. Il s'inscrit à la suite des devanciers de la lutte, particulièrement du

président Gbagbo, victime du néocolonialisme. Il appelle à un sursaut nationaliste et panafricaniste.
(Coll. Afrique liberté, 26.00 euros, 262 p.)
ISBN : 978-2-343-07691-1, ISBN EBOOK : 978-2-336-39507-4

CÔTE D'IVOIRE
Du chaos à la renaissance – Derniers assauts contre la souveraineté
Kouame Bibli Robert-Jonas - Préface de Lazare Koffi Koffi
En Côte d'Ivoire, s'oppose depuis des années les nostalgiques de la soumission à l'Occident et à la France et les défenseurs de la refondation du pouvoir et du combat pour les libertés. Entre les deux positions, le fossé reste abyssal. Mais, malgré les fractures, bouleversements et atteintes au respect de l'humanité, l'auteur reste optimiste quant à la restauration d'une République de Côte d' Ivoire, démocratique et jalouse de sa souveraineté.
(Coll. Afrique liberté, 25.00 euros, 248 p.)
ISBN : 978-2-343-07692-8, ISBN EBOOK : 978-2-336-39506-7

RÉFLEXIONS SUR LA CÔTE D'IVOIRE
Yahot Christophe - Préface de Gisèle Dutheuil
Réfléchir sur la Côte d'Ivoire d'aujourd'hui nous permet de présenter un certain nombre de réalités et de pratiques qui interpellent à la fois les politiques, les décideurs et la société civile. Les sujets abordés, d'ordre politique, social, culturel, économique, spirituel sont une invitation adressée à tous les citoyens, acteurs directs ou indirects de la construction d'une société moderne articulée autour de certains principes et valeurs, notamment républicains.
(Coll. Harmattan Côte-d'Ivoire, 26.00 euros, 258 p.)
ISBN : 978-2-343-07897-7, ISBN EBOOK : 978-2-336-39692-7

ONE REPUBLIC, TWO PRESIDENTS
My cry of heart for Côté d'Ivoire
Dandi Lou Amanan Hélène – Préface Georges Alula
This book features the testimony of a humanitarian worker who witnessed the aftermaths of war : Dandi Lou saw danger coming and tried to thwart it from exploding in Côté d'Ivoire, preaching peace to all the politicial leaders of her country and those who claimed to be heirs of late President Houphouet-Boigny. Yet, it did not save the country from burning since these leaders found nothing better than make fun of her. Called «the cry baby», she decided to write this book to yearn for peace and a renewed and united country, land of opportunities and welfare for all the Ivorian people.
(Coll. Harmattan Côte-d'Ivoire, 30.00 euros, 294 p.)
ISBN : 978-2-343-07732-1, ISBN EBOOK : 978-2-336-39618-7

L'HARMATTAN ITALIA
Via Degli Artisti 15; 10124 Torino
harmattan.italia@gmail.com

L'HARMATTAN HONGRIE
Könyvesbolt ; Kossuth L. u. 14-16
1053 Budapest

L'HARMATTAN KINSHASA
185, avenue Nyangwe
Commune de Lingwala
Kinshasa, R.D. Congo
(00243) 998697603 ou (00243) 999229662

L'HARMATTAN CONGO
67, av. E. P. Lumumba
Bât. – Congo Pharmacie (Bib. Nat.)
BP2874 Brazzaville
harmattan.congo@yahoo.fr

L'HARMATTAN GUINÉE
Almamya Rue KA 028, en face
du restaurant Le Cèdre
OKB agency BP 3470 Conakry
(00224) 657 20 85 08 / 664 28 91 96
harmattanguinee@yahoo.fr

L'HARMATTAN MALI
Rue 73, Porte 536, Niamakoro,
Cité Unicef, Bamako
Tél. 00 (223) 20205724 / +(223) 76378082
poudiougopaul@yahoo.fr
pp.harmattan@gmail.com

L'HARMATTAN CAMEROUN
TSINGA/FECAFOOT
BP 11486 Yaoundé
699198028/675441949
harmattancam@yahoo.com

L'HARMATTAN CÔTE D'IVOIRE
Résidence Karl / cité des arts
Abidjan-Cocody 03 BP 1588 Abidjan 03
(00225) 05 77 87 31
etien_nda@yahoo.fr

L'HARMATTAN BURKINA
Penou Achille Some
Ouagadougou
(+226) 70 26 88 27

L'HARMATTAN SÉNÉGAL
10 VDN en face Mermoz, après le pont de Fann
BP 45034 Dakar Fann
33 825 98 58 / 33 860 9858
senharmattan@gmail.com / senlibraire@gmail.com
www.harmattansenegal.com

Achevé d'imprimer par Corlet Numérique - 14110 Condé-sur-Noireau
N° d'Imprimeur : 135796 - Dépôt légal : février 2017 - *Imprimé en France*